CODE

DU RECRUTEMENT

OU

RECUEIL COMPLET ET RAISONNÉ

DES LOIS, ORDONNANCES ET INSTRUCTIONS MINISTÉ-
RIELLES CONCERNANT LES ENGAGEMENS, LES APPELS,
LES CONSEILS DE RÉVISION, LES EXEMPTIONS ET
DISPENSES, LES REMPLACEMENS, ETC., ETC.,

A l'usage des préfets, des maires, des conseils de révision,
des jeunes gens appelés, etc., etc.;

PAR

MM. PAILLARD DE VILLENEUVE ET P. SYROT,

AVOCATS LA COUR ROYALE DE PARIS.

PARIS,

MANSUT FILS, ÉDITEUR,

RUE DE L'ÉCOLE DE MÉDECINE, N° 4.

1829.

CODE

DU RECRUTEMENT.

CODE

DU RECRUTEMENT

OU

RECUEIL COMPLET ET RAISONNÉ

DES LOIS, ORDONNANCES ET INSTRUCTIONS MINISTÉ-
RIELLES CONCERNANT LES ENGAGEMENS, LES APPELS,
LES CONSEILS DE RÉVISION, LES EXEMPTIONS ET
DISPENSES, LES REMPLACEMENS, ETC., ETC.,

A l'usage des préfets, des maires, des conseils de révision,
des jeunes gens appelés, etc., etc.;

PAR

MM. PAILLARD DE VILLENEUVE ET P. SYROT,

AVOCATS A LA COUR ROYALE DE PARIS.

PARIS,

MANSUT FILS, ÉDITEUR,

RUE DE L'ÉCOLE DE MÉDECINE, N° 4.

1829.

OBSERVATIONS

PRÉLIMINAIRES.

Ce serait une tâche importante et féconde en utiles enseignemens que de rapprocher les diverses législations adoptées par les nations civilisées pour la levée des troupes. On trouverait dans cette étude le secret de la grandeur de certains peuples, et pour d'autres les causes d'une ruine prématurée. Mais une tâche aussi vaste, outre qu'elle est au-dessus de nos forces, ne peut rentrer dans les proportions d'un ouvrage qui, par sa nature, doit être simple, concis et mis à la portée de tous. Nous ne chercherons pas non plus à comparer entre elles les législations successives qui nous ont régis; car ce travail qui, pour être utile, aurait besoin d'être complet, nous entraînerait encore trop loin. Nous nous bornerons donc à émettre quelques observations sur la loi actuelle, en regrettant encore de passer trop rapidement sur une matière qui plus que toute autre exigerait un examen approfondi, car elle touche de près à nos libertés.

Chaque citoyen se doit à la défense de l'Etat : tel est le principe; mais il ne faut point en abuser dans l'application, et tourner pour ainsi dire en servitude une dette qui prend sa source dans la liberté. Si cette obligation est soumise à quelques exceptions (et sans doute elle en doit avoir), ces exceptions seront précises et clairement définies : enfin si un conflit s'élève entre le citoyen et la loi, un juge impartial et éclairé devra tenir la balance. Voilà quelques-uns des vrais principes ; et, il faut le dire, nous les cherchons en vain dans la législation actuelle.

La charte avait aboli la *conscription*. Aux yeux d'un grand nombre, ce mot fatal effacé de nos codes était déjà un bienfait : celui de *recrutement* lui fut substitué ; mais, au fond, les mots importaient peu, et le législateur ne devait pas se borner au soin de trouver un synonyme. Une loi nouvelle était donc nécessaire : celle du 10 mars 1818 fût promulguée. Cette loi n'introduisit pas un droit nouveau ; elle ne fit que modifier les anciennes dispositions. En apparence cependant elle semblait régie par un principe différent de celui admis dans les législations antérieures. Les engagemens volontaires, suivant cette loi, doivent être la base du recrutement ; les appels forcés n'en sont que le complément, en cas d'insuffisance. Ce n'est là, à proprement parler, qu'une disposition de théorie : on voulait paraître substituer un système nouveau à un système justement en horreur ; mais les conséquences n'en changeaient pas pour cela, car l'insuffisance du premier mode de recrutement, des enrôlemens volontaires, devait entraîner nécessairement la rigueur des appels forcés (1). Au

(1) En 1816, après le licenciement d'une armée

reste, que les appels forcés soient un moyen principal ou subsidiaire, cela importe peu : c'est le seul mode possible de recrutement; et nous le voyons en usage chez la plupart des nations du continent. Nous ne devons donc chercher les améliorations que dans l'application de ce principe et dans les garanties dont il doit être environné.

Le nombre d'hommes à appeler pour chaque année est fixé par les lois de 1818 et de 1824, et il ne peut être excédé sans une loi spéciale. C'est là un grand pas de fait et une garantie salutaire contre l'ambition et le despotisme.

Toute obligation est susceptible d'exceptions ; aussi la loi du recrutement renferme-t-elle quelques dispositions à cet égard. Mais comme il s'agit d'une dette qui, dans son principe, est commune à tous, les cas d'exceptions doivent être rares : ils doivent être clairement précisés, de sorte que le doute

immense, les enrôlemens volontaires, ne donnèrent pas 10,000 hommes à l'armée.

ne puisse jamais s'élever, car, d'un côté, l'exemption est une faveur nécessaire pour celui auquel elle s'applique, et de l'autre elle devient une charge pour celui que la loi appelle en échange de l'exempté.

La loi, en ce point, ne nous semble pas ce qu'elle devrait être. Un seul article très-concis énumère les diverses causes d'exemption qui peuvent se présenter, ou plutôt ne fait qu'indiquer quelques cas généraux dans lesquels l'analogie et l'interprétation peuvent en faire rentrer d'autres. C'est là un mal : toute exception est de droit strict, et, par conséquent, doit être clairement énoncée; autrement on se trouve jeté dans le vague des interprétations ; et, nous l'avons dit dans le cours de ce recueil, c'est un grand vice dans une loi que la nécessité trop fréquente d'interprétation.

Nous insisterions moins sur la nécessité de réparer une telle lacune, si les juges chargés d'interpréter présentaient toutes les garanties qu'exige l'administration de la justice ; mais, il faut le dire, et c'est ici un plus grand vice encore, nous en trouvons peu dans les tribunaux que la loi de 1818 a créés sous le nom de *conseils de révision*.

Les conseils de révision prononcent sur les cas d'exemption et de dispense ; ils forment et arrêtent définitivement le contingent des hommes appelés. C'est dire assez de quelle importance sont leurs attributions. Leurs décisions touchent à ce que les citoyens ont de plus sacré, leur état, leur liberté, leur vie.

Quelle est donc l'organisation de ces tribunaux ?

A l'exception d'un seul membre désigné par le Roi, tous les autres sont nommés par le préfet, changés, remplacés par lui, sans autre condition ni formalité que sa volonté ou son caprice. Voilà pour la nomination de ces juges qui ont entre leurs mains des intérêts si précieux. Sans doute ils sont pris dans des corps honorables, tels que les conseils de préfecture, les conseils gé-

néraux de département et d'arrondissement; mais, on le répète, quelles
garanties, quelle responsabilité peut
présenter un tribunal ainsi formé d'é-
lémens divers, et auquel l'autorité judiciaire n'est déléguée que par la
volonté du plus amovible, du plus dé-
pendant des fonctionnaires publics, du
préfet? Nul doute assurément sur la
loyauté, l'intégrité des membres des
conseils de révision; mais leurs fonctions, leurs habitudes les rendent-elles
propres à l'application exacte et rigoureuse d'une loi déjà obscure par elle-
même, et si féconde en difficultés.
Et quand on songe que de tels juges
prononcent souverainement et en dernier ressort, n'est-on pas étonné qu'un
pareil état de choses puisse subsister
encore? Ainsi, point de recours contre
l'injustice et l'arbitraire. Qu'un citoyen
allègue et prouve un cas légal d'exemption, que par erreur, par caprice, il soit
déclaré propre au service, le ministre,
convaincu de la justesse des réclamations, pourra bien peut-être accorder

ce qu'on nomme un sursis illimité; mais est-ce là une garantie suffisante et légale? Pourrait-on toujours recourir à cette seconde juridiction, et même nous nous trompons, car ce n'en est pas une; ce n'est encore que de l'arbitraire. Et cet homme arraché injustement à ses travaux, à sa famille, peut demain trouver la mort sur un champ de bataille. Refuse-t-il d'obéir à une décision illégale, il est puni comme déserteur. Les conseils de révision ne se rendraient pas volontairement coupables d'une injustice, nous le croyons sans doute; mais une erreur est possible dans une matière qui est, comme on le verra, souvent fort délicate; et faut-il que jamais les citoyens puissent souffrir d'un défaut de logique! C'est pour prévenir autant que possible de semblables erreurs que nous voudrions un tribunal spécial, indépendant, et surtout un second degré de juridiction.

Quels inconvéniens y verrait-on?... Les délais trop longs qui pouvaient résulter d'un appel... Mais quel besoin d'économiser le temps quand il s'agit d'intérêts si précieux? Que si l'indépendance du juge effraie trop dans une telle matière (et nous ne le concevons pas), pourquoi les conseils de préfecture, avec le recours au Conseil d'État, ne pourraient-ils pas avoir dans leur compétence les attributions dévolues aux conseils de révision? Sans doute nous regretterions toujours que de si graves questions fussent abandonnées à des juges dépendans et amovibles, mais du moins les lumières de ces juges, leur habitude d'appliquer la loi, donneraient une garantie de plus; toutefois nous n'insistons pas sur cette idée, car nous ne connaissons de véritables juges que là où il peut y avoir indépendance; et l'amélioration que nous proposons serait encore vicieuse. Ce que nous demandons surtout, c'est un second degré de juridiction qui puisse nous mettre à l'abri des erreurs et de l'arbitraire. Nous appelons de tous nos vœux sur ce point une réforme législative, et nous regrettons que le nouveau Code militaire ne contienne pas un titre spécial consacré au recrutement.

Au reste, en prenant la loi telle qu'elle est aujourd'hui, il nous resterait toujours à souhaiter qu'elle fût exécutée telle qu'elle est faite, et non pas telle que le pouvoir ministériel la veut faire.

En effet, si l'institution des conseils de révision est dans presque tous ses points vicieuse, il est du moins un principe éternel de justice qui leur est applicable; c'est qu'ayant le pouvoir de juger, ils ne doivent prononcer que d'après eux-mêmes, et non suivant les avis et les exigences d'un pouvoir qui n'est rien dans l'ordre légal, du pouvoir ministériel; mais on sait qu'en général et surtout pour ce qui concerne le département de la guerre, ce pouvoir a conservé par fois les habitudes du despotisme impérial. Un recueil qui a rendu de grands services à la cause de la légalité, la *Gazette des Tribunaux*, en a signalé de fréquens exemples, et entre autres dans ce qui touche les conseils de guerre; mais c'est surtout en matière de recrutement que nous voyons ces vieilles habitudes se développer avec une aisance vraiment inconcevable sous uu régime constitutionnel.

L'interprétation des lois ne peut appartenir qu'au pouvoir judiciaire ou au pouvoir législatif. Le pouvoir exécutif ne peut le revendiquer. Ce principe, pour exister dans toute sa force, n'avait pas besoin de la loi qui récemment l'a consacré; il dérive de la nature même des choses. Cependant les ministres l'ont méconnu, et long-temps nous avons eu à gémir sous le régime des circulaires. C'est, en effet, un moyen facile d'imposer sa volonté, que le prétexte d'interpréter la loi : c'est ce prétexte qui a donné lieu aux nombreuses circulaires que nous aurons occasion d'examiner dans le cours de ce recueil: fussent-elles conformes à l'esprit de la loi nous nous élèverions encore contre une attribution illégale. Que devons-nous dire en voyant que souvent elles s'éloignent et de la loi qu'elles veulent interpréter, et des principes les plus élémentaires de notre droit? Et les conseils de révision pourraient considérer de tels actes comme obligatoires pour eux! Malheureusement nous en avons vu des exemples (1). Nous l'avons déjà dit, rien n'est obligatoire pour les juges que leur conscience et la loi : ils doivent repousser des actes sans force légale, la plupart sans publicité, qui même ne sont point revêtus de la sanction royale, sanction d'ailleurs impuissante pour leur donner un caractère exécutoire.

La jurisprudence ministérielle, dans les points où elle touche aux droits des citoyens, a été l'objet de notre attention. Nous avons combattu souvent les décisions, ou plutôt les avis ministériels, toutes les fois qu'ils nous ont paru contraires à la loi ; et c'est aux citoyens que de tels actes attaquent dans leurs droits, aux juges qu'ils blessent dans leur indépendance, à seconder nos ef-

(1) Voyez pag. 79.

forts, les uns par la persévérance de leurs réclamations, les autres par l'indépendance de leurs décisions. Ainsi, du moins, à défaut d'une meilleure loi, celle que nous avons ne sera pas rendue pire.

Pour nous, nous n'avons pas eu la prétention de faire un ouvrage de théorie, non pas que sur cette matière de graves discussions ne puissent s'élever, car plus que toute autre, au contraire, elle aurait besoin d'être méditée pour qu'enfin on arrivât à une réforme indispensable ; mais tel n'est point le but spécial que nous nous sommes proposé dans ce recueil ; nous voulons seulement mettre en ordre, et à la portée de tous, les lois, ordonnances et instructions concernant le recrutement ; et, en donnant à ces actes législatifs et ministériels une publicité qu'ils n'ont pas, leur restituer une interprétation saine et conforme aux véritables principes : notre travail s'est borné là, et nous avons essayé de tout dire avec concision et clarté.

CODE DU RECRUTEMENT.

LOI DU 10 MARS 1818.

TITRE PREMIER.

Des Engagemens volontaires.

ARTICLE PREMIER. L'armée se recrute par des engagemens volontaires, et, en cas d'insuffisance, par des appels faits suivant les règles prescrites ci-après, titre II.

2. Tout Français sera reçu à contracter un engagement volontaire, sur la preuve qu'il est âgé de dix-huit ans, qu'il jouit de ses droits civils, et qu'il peut être admis dans le corps pour lequel il se présente.

1.

Sont exclus , et ne pourront, à aucun titre , servir dans les troupes françaises, les repris de justice , et les vagabonds ou gens sans aveu , déclarés tels par jugement.

3. La durée des engagemens volontaires sera de six ans dans les légions départementales , et de huit ans dans les autres corps. (*Voir ci-après la Loi du 9 juin* 1824.

Il n'y aura, dans les troupes françaises, ni prime en argent, ni prix quelconque d'engagement.

Les autres conditions seront déterminées par le Roi , et rendues publiques.

4. Les engagemens volontaires seront contractés devant les officiers de l'état civil, dans les formes prescrites par les articles 34, 35, 36, 37, 38 , 39, 40, 41, 42, 43 et 44 du Code civil. Les conditions relatives à la durée des engagemens seront insérées dans l'acte même ; les autres conditions seront lues aux contractans avant les signatures, et mention en sera faite à la fin de l'acte : le tout sous peine de nullité.

TITRE II.

Des Appels.

5. Le complet de paix de l'armée, officiers et sous-officiers compris, est fixé à deux cent quarante mille hommes. (*Voir ci-après la Loi du 9 juin 1824.*)

Les appels faits en vertu de l'article 1er ne pourront dépasser ce complet, ni excéder annuellement le nombre de quarante mille hommes. (*Voir ci-après la Loi du 9 juin 1824.*

En cas de besoins plus grands, il y sera pourvu par une loi.

6. Chaque année, dans les limites fixées par l'article 5, le nombre d'hommes appelés sera réparti entre les départemens, arrondissemens et cantons, proportionnellement à leur population d'après les derniers dénombremens officiels.

Le tableau de cette répartition sera communiqué aux Chambres, publié et affiché, ainsi que l'état sommaire des engagemens volontaires de l'année précédente.

7. Le contingent assigné à chaque canton sera fourni par un tirage au sort entre les jeunes Français qui auront leur domicile légal dans le canton, et qui auront atteint l'âge de vingt ans révolus dans le courant de l'année précédeute.

Pour la première formation, les deux classes de jeunes gens qui ont complété leur vingtième année dans les années 1816 et 1817, participeront au tirage qui aura lieu en 1818, sans néanmoins que le contingent de chaque classe puisse dépasser quarante mille hommes, ainsi qu'il est prescrit par l'article 5.

Seront exemptés les jeunes gens de ces deux classes qui auront contracté mariage avant la publication de la présente loi.

8. Seront considérés comme légalement domiciliés dans le canton,

1°. Les jeunes gens, même émancipés, engagés, établis au dehors, expatriés, absens ou détenus, si d'ailleurs leurs père, mère ou tuteur, ont leur domicile dans une des communes du canton, ou s'ils sont fils

d'un père expatrié qui avait son dernier domicile dans une desdites communes ;

2°. Les jeunes gens mariés dont le père,
ou la mère à défaut du père, sont domiciliés dans le canton , à moins qu'ils ne justifient de leur domicile réel dans un autre
canton ;

3°. Les jeunes gens mariés et domiciliés
dans le canton, alors même que leur père ou
leur mère n'y seraient pas domiciliés ;

4°. Les jeunes gens nés et résidant dans le
canton, qui n'auraient ni père, ni mère, ni
tuteur ;

5°. Les jeunes gens résidant dans le
canton, qui ne seraient dans aucun des cas
précédens , et qui ne justifieraient pas de
leur inscription dans un autre canton.

9. Seront, d'après la notoriété publique ,
considérés comme ayant l'âge requis pour le
tirage , les jeunes gens qui ne pourront produire un extrait des registres d'état civil
constatant un âge différent, ni , à défaut de
registres, prouver leur âge conformément à
l'article 46 du Code civil.

1*

10. Si, dans l'un des tirages qui auront lieu en exécution de la présente loi, des jeunes gens viennent à être omis, ils seront rappelés dans le tirage subséquent.

11. Les tableaux de recensement des jeunes gens du canton soumis au tirage d'après les règles précédentes, seront dressés par les maires, publiés et affichés dans chaque commune, et dans les formes prescrites par les articles 63 et 64 du Code civil.

Un avis, publié dans les mêmes formes, indiquera les lieu, jour et heure où il sera procédé à l'examen desdits tableaux, et à la désignation, par le sort, du contingent cantonal.

12. Dans les cantons composés de plusieurs communes, cet examen et cette désignation auront lieu au chef-lieu de canton, en séance publique, devant le sous-préfet, assisté des maires du canton. Dans les cantons composés d'une commune ou d'une portion de commune, le sous-préfet sera assisté du maire et des adjoints.

Le tableau sera lu à haute voix. Les jeunes

gens, leurs parens ou ayant cause, seront entendus dans leurs observations. Le sous-préfet statuera, après avoir pris l'avis des maires. Le tableau, rectifié s'il y a lieu, et définitivement arrêté, sera revêtu de leurs signatures.

Immédiatement après, chacun des jeunes gens appelés, dans l'ordre du tableau, prendra dans l'urne un numéro qui sera de suite proclamé et inscrit. Les parens des absens, ou le maire de leur commune, tireront à leur place.

La liste, par ordre de numéros, sera dressée au fur et à mesure du tirage. Il y sera fait mention des cas ou des motifs d'exemption ou de dispense que les jeunes gens ou leurs parens, ou les maires des communes, se proposeront de faire valoir devant le conseil de révision, dont il sera parlé ci-après. Le sous-préfet y ajoutera ses observations.

La liste du tirage sera ensuite lue, arrêtée et signée de la même manière que le tableau de recensement, et annexée, avec ledit tableau, au procès-verbal des opérations. Elle

sera publiée et affichée dans chaque commune du canton.

13. Ces opérations seront revues, en
séance publique, dans un conseil composé,
sous la présidence du préfet, d'un conseiller de préfecture, d'un membre du conseil
général du département, d'un membre de
celui d'arrondissement, et d'un officier général ou supérieur désigné par le Roi. Le
conseil de révision se transportera dans les
chefs-lieux d'arrondissement ou de canton,
suivant les localités.

Les jeunes gens qui, d'après leurs numéros, pourront être appelés à faire partie du
contingent, seront convoqués, examinés et
entendus.

S'ils ne se rendent point à la convocation,
où s'ils ne se font pas représenter, ou s'ils
n'obtiennent point un délai, il sera procédé
comme s'ils étaient présens.

Dans les cas d'exemption pour infirmités,
les gens de l'art seront consultés.

Les autres cas d'exemptions ou dispenses
seront jugés sur la production de documens

authentiques, ou de certificats signés du maire de la commune du réclamant, et de trois pères de famille domiciliés dans le même canton, dont les fils sont soumis à l'appel, ou ont été appelés et sont sous les drapeaux.

Hors les cas prévus par l'article 16, les décisions du conseil de révision seront définitives.

14. Seront exemptés, et remplacés dans l'ordre des numéros subséquens, les jeunes gens que leur numéro désignera pour faire partie du contingent, et qui se trouveront dans un des cas suivans.

1°. Ceux qui n'auront pas la taille d'un mètre cinquante-sept centimètres (1);

2°. Ceux que leurs infirmités rendront impropres au service;

3°. L'aîné d'orphelins de père et de mère;

4°. Le fils unique ou l'aîné des fils, et, à défaut de fils, le petit-fils ou l'aîné des petits-fils d'une femme actuellement veuve,

(1) Quatre pieds dix pouces (ancienne mesure).

d'un père aveugle, ou d'un vieillard septuagénaire;

5°. Le plus âgé de deux frères désignés
tous deux par le sort dans un même tirage;

6°. Celui dont le frère sera sous les drapeaux, à quelque titre que ce soit, ou sera
mort en activité de service, ou aura été réformé pour blessures reçues ou infirmités
contractées à l'armée.

Ladite exemption sera appliquée dans la
même famille autant de fois que les mêmes
droits s'y reproduiront.

Seront comptés néanmoins en déduction
desdites exemptions, les frères vivans, libérés en vertu du présent article, à tout
autre titre que pour infirmités.

15. Seront dispensés, considérés comme
ayant satisfait à l'appel, et comptés numériquement en déduction du contingent à
fournir, les jeunes gens désignés par leur
numéro pour faire partie dudit contingent,
qui se trouveront dans un des cas suivans :

1°. Ceux qui ont contracté un engagement
volontaire dans un des corps de l'armée;

2°. Les jeunes marins portés sur les registres-matricules de l'inscription maritime, conformément aux règles prescrites par les articles 1, 2, 3, 4 et 5 de la loi du 25 décembre 1795 (3 brumaire an 4); et les charpentiers de navire, perceurs, voiliers et calfats, immatriculés conformément à l'article 44 de ladite loi ;

3°. Les officiers de santé commissionnés et employés dans les armées de terre et de mer ;

4°. Les jeunes gens régulièrement autorisés à continuer leurs études ecclésiastiques, sous condition qu'ils perdront le bénéfice de la dispense, s'ils n'entrent point dans les ordres sacrés ;

Cette disposition est applicable aux divers cultes dont les ministres sont salariés par l'État.

5°. Les élèves de l'école normale, et les autres membres de l'instruction publique qui contractent devant le conseil de l'université l'engagement de se vouer pendant dix années à ce service ;

Cette disposition est applicable aux frères des écoles chrétiennes ;

Les élèves de langues ;

Les élèves de l'école polytechnique et des écoles de services publics ;

Les élèves des écoles spéciales militaires et de marine ;

Soit que lesdits élèves suivent encore leurs études, ou aient été admis dans le service auquel elles préparent, sous condition qu'ils perdront le bénéfice de la dispense, s'ils abandonnent lesdites études, ou ne sont point admis dans ledit service, ou s'ils le quittent avant le temps qui sera fixé ci-après pour la durée du service des soldats ;

6°. Les jeunes gens qui auront obtenu un des grands prix décernés par l'institut royal, ou le prix d'honneur décerné par le conseil de l'université.

16. Lorsque les jeunes gens désignés par leur numéro, pour faire partie du contingent cantonal, auront fait des réclamations dont l'admission ou le rejet dépendra de la déci-

sion à intervenir sur des questions judiciaires relatives à leur état ou à leurs droits civils, les jeunes gens désignés par leur numéro pour suppléer lesdits réclamans, seront appelés dans le cas où, par l'effet des décisions judiciaires, ces réclamans viendraient à être libérés.

Ces questions seront jugées contradictoirement avec le préfet, à la requête de la partie la plus diligente.

Les tribunaux statueront sans délai, le ministère public entendu, sauf appel.

17. Après l'examen des opérations, exemptions, dispenses ou réclamations, la liste du contingent de chaque canton sera définitivement arrêtée et signée par le conseil de révision.

Les jeunes gens qui, aux termes de l'article 16, sont appelés les uns à défaut des autres, ne seront inscrits sur la liste du contingent que conditionnellement, et sous la réserve de leurs droits.

Le conseil déclarera ensuite que les jeunes gens qui ne sont pas inscrits sur cette liste,

2.

sont définitivement libérés. Cette déclaration, avec l'indication du dernier numéro compris dans le contingent cantonal, sera publiée et affichée dans chaque commune de canton.

Dès qu'il aura été statué par les tribunaux sur les questions mentionnées en l'article 16, le conseil, d'après leur décision, prononcera de la même manière la libération des réclamans ou des jeunes gens conditionnellement désignés pour les suppléer.

18. Les jeunes gens définitivement appelés à faire partie du contingent pourront se faire remplacer par tout homme valablement libéré, pourvu qu'il n'ait pas plus de trente ans, ou trente-cinq ans s'il a été militaire, et qu'il ait la taille et les autres qualités requises pour être reçu dans l'armée.

Le remplaçant sera admis par le conseil de révision, et l'acte de remplacement annexé au procès-verbal.

Les substitutions de numéros pourront

avoir lieu entre les jeunes gens du même tirage.

Les stipulations particulières qui pourraient avoir lieu entre les contractans, à l'occasion desdits remplacemens et substitutions, seront soumises aux mêmes règles et formalités que tout autre contrat civil.

L'homme remplacé sera, pour le cas de désertion, responsable de son remplaçant, pendant un an, à compter du jour de l'acte passé devant le préfet. Il sera libéré, si, dans l'année, le remplaçant est arrêté en cas de désertion, ou s'il meurt sous les drapeaux.

19. Les jeunes gens appelés, ou leurs remplaçans, seront inscrits sur les registres-matricules des corps de l'armée.

Ces jeunes soldats resteront dans leurs foyers, et y seront assimilés aux militaires en congé.

Ils ne seront mis en activité qu'au fur et à mesure des besoins, et dans l'ordre déterminé par leur classe. (*Voir ci-après la Loi du 9 juin 1824.*)

Les compagnies départementales créées par la loi du 23 novembre 1815 sont supprimées.

20. La durée du service des soldats appelés sera de six ans, à compter du 1er janvier de l'année où ils auront été inscrits sur les registres-matricules des corps de l'armée. (*Voir ci-après la Loi du 9 juin 1824.*)

La durée du service du contingent de 1816 ne sera que de cinq ans.

Au 13 décembre de chaque année, en temps de paix, les soldats qui auront achevé leur temps, seront renvoyés dans leurs foyers.

Ils le seront, en temps de guerre, immédiatement après l'arrivée au corps du contingent destiné à les remplacer.

TITRE III.

Des Rengagemens.

21. Les rengagemens seront contractés devant les intendans ou sous-intendans militaires, dans les formes prescrites par l'ar-

ticle 4, sur la preuve que le contractant peut rester ou être admis dans le corps pour lequel il se présente.

22. Les rengagemens pourront être reçus même pour deux ans, et ne pourront excéder la durée des engagemens volontaires.

Les rengagemens donneront droit à une haute paie, et à l'admission dans la gendarmerie ou dans les vétérans de la ligne.

Les autres conditions seront déterminées par le Roi, et rendues publiques.

TITRE IV.

Des Vétérans.

23. Les sous-officiers et soldats rentrés dans leurs foyers, après avoir achevé leur temps de service, seront assujettis, en cas de guerre, à un service territorial dont la durée est fixée à six ans, sous la dénomination de *vétérans*.

Les vétérans pourront se marier et former des établissemens.

En temps de paix, ils ne seront appelés

à aucun service ; et, en temps de guerre, ils ne pourront être requis de marcher hors de la division militaire qu'en vertu d'une loi. (*Voir ci-après la Loi du 9 juin 1824.*)

24. Les anciens sous-officiers et soldats ne pourront être rappelés sous les drapeaux, s'ils ne demandent à contracter des engagemens ; ils ne seront plus assujettis qu'au service territorial des vétérans.

Seront exemptés même dudit service les sous-officiers et soldats qui auraient trente-deux ans d'âge, ou douze ans de service actif, ou qui auront été réformés pour blessures et infirmités graves. (*Voir ci-après la Loi du 9 juin 1824.*)

TITRE V.

Des Dispositions pénales.

25. Toutes les dispositions des lois, ordonnances, règlemens ou instructions relatives aux anciens modes de recrutement de l'armée, sont et demeurent abrogées.

Les tribunaux civils et militaires, dans

les limites de leur compétence, appliqueront les lois pénales ordinaires aux délits auxquels pourra donner lieu l'exécution du mode de recrutement déterminé par la présente loi.

Pour les délits militaires, les juges pourront user de la faculté énoncée en l'article 595 du Code d'instruction criminelle.

26. Tout fonctionnaire ou officier public civil ou militaire, qui, sous quelque prétexte que ce soit, aura autorisé ou admis des exemptions, dispenses ou exclusions autres que celles déterminées par la présente loi, ou qui aura donné arbitrairement une extension quelconque, soit à la durée, soit aux règles ou conditions des engagemens, des appels, des conditions des rengagemens ou du service des vétérans, sera coupable d'abus d'autorité, et puni des peines portées dans l'article 185 du Code pénal, sans préjudice des peines plus graves prononcées par ce Code dans les autres cas qu'il a prévus.

TITRE VI.

De l'Avancement.

27. Nul ne pourra être sous-officier, s'il n'est âgé de vingt ans révolus, et s'il n'a servi activement, pendant au moins deux ans, dans un des corps de troupes réglées.

Nul ne pourra être officier, s'il n'a servi pendant deux ans comme sous-officier, ou s'il n'a suivi pendant le même temps les cours et exercices des écoles spéciales militaires, et satisfait aux examens desdites écoles.

28. Le tiers des sous-lieutenances de la ligne sera donné aux sous-officiers.

Les deux tiers des grades et emplois de lieutenant, de capitaine, de chef de bataillon ou d'escadron et de lieutenant-colonel, seront donnés à l'ancienneté.

Les majors seront choisis parmi les capitaines employés comme trésoriers, officiers d'habillement et adjudans-majors; les trésoriers et officiers d'habillement, parmi les officiers qui auront été sergens-majors ou maréchaux-des-logis chefs ; les adjudans-majors, parmi les lieutenans qui auront été adjudans et sergens-majors ou maréchaux-des-logis chefs ; les adjudans le seront parmi les sergens-majors ou maréchaux-des-logis chefs.

Nul ne pourra être promu à un grade ou emploi supérieur, s'il n'a servi quatre ans dans le grade ou l'emploi immédiatement inférieur.

Il ne pourra être dérogé à cette règle qu'à la guerre, pour des besoins extraordinaires, ou pour actions d'éclat mises à l'ordre du jour de l'armée.

30. Les autres règles de l'avancement seront déterminées sur ces bases, par un règlement d'administration publique inséré au Bulletin des lois.

En conséquence, toutes les dispositions des lois, ordonnances, règlemens, instructions ou décisions donnés jusqu'à ce jour sur l'avancement, sont et demeurent abrogées.

LOI DU 9 JUIN 1824,

Qui modifie quelques dispositions de celle du 10 Mars 1818, sur le Recrutement des Troupes.

ART. 1ᵉʳ. Les appels faits, chaque année, conformément à la loi du 10 mars 1818, pour le recrutement des troupes de terre et de mer, seront de soixante mille hommes.

2. Les jeunes soldats appelés en vertu de l'article précédent, qui seraient laissés dans leurs foyers, pourront être mis en activité dans l'ordre des classes, en commençant par la moins âgée, et dans chaque classe, selon l'ordre des numéros.

3. L'article 3 de la loi du 10 mars 1818, qui fixait la durée des engagemens volontaires à six ans dans l'infanterie et à huit ans dans les autres corps, et l'article 20, qui fixait à six ans la durée du service des appelés, sont abrogés.

A l'avenir, la durée du service militaire, dans quelque corps que ce soit, sera de huit années, tant pour les jeunes gens qui seront appelés que pour ceux qui s'engageront volontairement après la promulgation de la présente loi.

4. L'article 23 de la même loi, qui assujettissait, en cas de guerre, les sous-officiers et soldats rentrés dans leurs foyers, après avoir achevé leur temps de service, à un service territorial de six ans, sous la dénomination de *vétérans*, est également abrogé, tant pour les enrôlés volontaires que pour les jeunes soldats admis dans l'armée, après la promulgation de la présente loi.

5. Sont et demeurent abrogées toutes dispositions contraires à la présente loi.

NOTA.

La *législation* ministérielle se compose de
de divers élémens, et prend différentes formes. Ainsi, ce sont tantôt des *instructions*,
des *circulaires*, tantôt des *décision*, des
solutions. Nous avons pris soin de renvoyer
fidèlement aux sources où nous avons puisé.

INDICATION DES RENVOIS ET SIGNES ABRÉVIATIFS.

Ord. roy. ou O. R.	Ordonnance royale.
Inst. M. 12 août 1818, art. 34.	Instruction ministérielle du 12 août 1818, art. 34.
ou I. M. 12 août — 34.	
Cir. I. M. 11 juin 1819. 29ᵉ q.	Circulaire ministérielle du 11 juin 1819. 29ᵉ question.
ou C. M. 11 juin 1819. 29ᵉ q.	
Déc. 7 janvier.	Décision rendue le 7 janv.
Sol. 8 mars.	Solution donnée le 8 mars.

L'instruction sur les appels est portée au
Bulletin des lois, pour la première partie, à
la date du 12 août 1818, pour la seconde
partie, à la date du 21 octobre 1818. C'est à
ces dates que nous renvoyons.

TITRE PREMIER.

DES ENGAGEMENS VOLONTAIRES.

SECTION Ire. — DISPOSITIONS GÉNÉRALES.

Nous traiterons, dans cette section, des principes généraux de la matière sur les engagemens, et, en particulier, de ce qui concerne l'armée de ligne. Dans la section suivante, nous nous occuperons des dispositions particulières à divers corps de l'armée.

§ Ier. *Qui peut s'engager.* — *Conditions et formalités.*

I. L'armée se recrute par des engagemens volontaires, et, en cas d'insuffisance, par des appels.

Tout Français sera reçu à contracter un engagement volontaire, sur la preuve qu'il est âgé de 18 ans, qu'il est français ou naturalisé (1) *(voy. le n° IV ci-après)*, non privé de

(1) Il ne suffirait pas que l'étranger eût été admis fixer son domicile en France. C. M., 17 janvier 1820.

3*

ses droits civils (1). *Sont exclus*, et ne pourront, à aucun titre, servir dans les troupes françaises, les gens sans aveu ou vagabonds déclarés tels par jugement, et les repris de justice, c'est-à-dire, les individus condamnés à des peines afflictives et infamantes (2).

II. *L'engagement ne peut être contracté* avant l'âge de 18 ans, ni après 30 ans révolus (3); il peut cependant êtré reçu jusqu'à 35 ans, pour les hommes qui ont déjà servi; mais, passé l'âge de 30 ans, il ne peut avoir lieu que pour un corps de l'armée dont ils auront déjà fait partie (4).

III. *Celui qui veut contracter un engagement volontaire doit*, avant de se présenter devant l'officier de l'état civil, *être muni :*

1° *D'un certificat d'aptitude* constatant sa capacité pour le corps auquel il se destine.

Ce certificat sera, d'après l'examen fait par un médecin, délivré par l'un des officiers supérieurs du corps dans lequel l'engagé désire entrer; à défaut de cet officier, par l'officier de gendarmerie le plus élevé en grade, ou même par le brigadier le plus ancien dans l'arrondissement (5).

Ce certificat ne sera délivré qu'autant que l'officier devant lequel l'homme se présente,

(1) Cod. civ., art. 8.
(2) C. M. 15 octobre 1818, 1re q.
(3) I. M. 20 mai 1818, art. 2.
(4) *Id.* Art. 3.
(5) *Id.* Art. 7, 8 et 9.

se sera assuré que le corps pour lequel il se destine n'est point au complet, ce qu'il vérifiera sur un bulletin *ad hoc*, distribué chaque trimestre par le ministre de la guerre (1). Si le corps est au complet, le certificat ne sera pas délivré, à moins que le conseil d'administration, sur la demande qui en serait faite au colonel, ne certifie que, d'après les mutations journalières, l'admission est possible (2).

Les conseils d'administration sont responsables des frais qu'une erreur de leur part pourrait entraîner, en permettant une incorporation qui ne serait pas possible (3).

2° *D'un certificat délivré par le maire* de sa commune, visé par le juge de paix du canton constatant,

1° Qu'il jouit de ses droits civils ;

2° Qu'il est de bonnes vie et mœurs ;

3° Qu'il n'a été appelé ni pour le service de terre, ni pour celui de mer, ou bien qu'il est libéré de l'un et de l'autre service (4). *Celui qui s'est fait remplacer* ne peut recevoir ce certificat avant l'expiration de l'année de responsabilité (5).

Le certificat de bonne vie et mœurs *ne peut être délivré* aux hommes qui sortent des

(1) C. M. 18 août 1819.
(2) C. M. 1er juin 1818 et 9 janvier 1819.
(3) C. M. 11 septembre 1829.
(4) I. M. 20 mai 1818.
(5) C. M. 11 juin 1819, 43e q.

compagnies des pionniers ou de discipline (1).

A Paris, *ce certificat* est délivré à la préfecture de police, sur la présentation que doit faire l'homme qui le réclame, d'une attestation de bonnes vie et mœurs, délivrée par le commissaire de police de son quartier (2).

Les instructions ministérielles ont décidé que les certificats à délivrer aux hommes qui se présentent comme remplaçans ne devaient être délivrés, par le maire, qu'autant qu'ils justifieraient de six mois de résidence dans la même commune, à moins qu'ils ne fussent porteurs d'un congé ayant une date récente. Ces règles doivent être, ce semble, applicables aussi au cas d'engagement (*voy.* titre VI section 2°, § 1°° n° 2).

IV. *Outre ces pièces*, dont tout individu doit être muni, *l'officier de l'état civil*, avant de recevoir l'engagement, *exigera* :

1° Des *individus qui ne sont pas Français* de naissance, une copie authentique de leur acte de naturalisation. — Pour obtenir la naturalisation à l'effet de s'engager, l'étranger devra faire au maire de sa résidence, sa déclaration de domicile, et envoyer l'extrait de cette déclaration au garde-des-sceaux, avec un Mémoire expositif de sa demande, son acte de naissance, et, s'il y a lieu, un état de ses services (3).

(1) Sol. 16 juin 1821.
(2) Sol. 7 novembre 1818.
(3) C. M. 27 mai 1819.

2º Des *hommes qui ont déjà servi*, le congé absolu qui a dû leur être délivré, ou si ces hommes ont fait partie des corps licenciés en 1815, et ne sont pas porteurs de congés absolus, un certificat du maire de leur commune, visé par le sous-préfet, portant qu'ils n'ont pas repris de service depuis le mois d'août de la même année, soit comme ayant été rappelés, soit à tout autre titre.

3º Des *inscrits maritimes*, un acte de déclassement, signé par le commissaire de l'inscription maritime de leur quartier, ou un certificat du même, portant que le ministre de la marine les autorise à prendre du service dans les troupes de terre.

4º Des *hommes qui se présentent comme ouvriers*, pour entrer dans l'un des corps désignés dans l'art. 6 de l'inst. du 20 mai 1828 (1), doivent être munis d'un certificat de deux maîtres ouvriers, constatant qu'ils ont fait leur apprentissage (2).

(1) Art. 6. Nul ne sera admis à s'engager, 1º pour les compagnies d'ouvriers d'artillerie et du génie, et pour les équipages militaires, s'il n'est ouvrier en fer ou en bois : 2º pour les escadrons du train de génie, et les équipages militaires, s'il n'est sellier ou maréchal ferrant, ou habitué à soigner les chevaux, et à conduire les voitures : 3º pour le bataillon des pontonniers, s'il n'est charpentier de bateaux, ou habitué à conduire les bateaux : 4º pour les régimens du génie, s'il n'est ouvrier en fer ou en bois, ouvrier des mines et carrières, tailleur de pierres, ou ouvrier en maçonnerie.

(2) Inst. M. 20 mai 1818, art. 11.

V. *L'engagé* devra, en outre, *justifier de son âge* par des pièces authentiques (1).

VI. *Muni de ces pièces*, sur lesquelles les officiers publics doivent faire mention de leur destination (2), et qui toutes sont affranchies du droit de timbre, *l'aspirant doit* se présenter devant l'officier de l'état civil, assisté de deux témoins (3), et l'acte d'engagement sera reçu comme les autres actes de l'état civil.

VII. *Avant la signature de l'acte*, l'officier de l'état civil donnera lecture à l'engagé,

1° Des art. 2, 3 et 4 de la loi du 10 mars 1818, relatifs aux engagemens volontaires;

2° Du titre 4 de la même loi sur le service territorial que les militaires doivent faire, après avoir achevé le service d'activité (4);

3° Des art. 18 et 19 de l'instruction du 28 mai 1818 (ci-après cités, page 38, n° 5.)

4° Enfin de l'acte de l'engagement contracté.

Les certificats et autres pièces produites par l'engagé, seront annexés à la minute de cet acte (5).

(1) Par cette expression que l'Inst. emploie, il faut entendre aussi l'acte de notoriété délivré dans la forme légale. C. M. 10 août. 1823.

(2) Circul. du 7 octobre 1818, et Inst. du 15 octobre 1818 9° quest.

(3) Circul. 7 octobre 1818.

(4) La lecture de ce titre est inutile, il est abrogé.

(5) Inst. 20 mai 1818, art. 12.

VIII. *Les chefs de corps ne peuvent*, sous aucun prétexte, *recevoir aux drapeaux*, comme
engagé volontaire celui qui n'aura pas souscrit un engagement dans les formes voulues.
Cette disposition s'applique également aux
enfans de troupe et autres jeunes gens employés dans les corps comme tambours, trompettes ou autrement, lesquels ne peuvent
non plus s'engager avant l'âge de 18 ans (1).

IX. *Les jeunes gens désignés pour faire
partie du contingent*, c'est-à-dire portés sur
la liste départementale, peuvent devancer le
moment de leur mise en activité (2). (Voy.
pour les conditions et formalités, tit. IX,
section 2ᵉ. Mais, tant qu'il n'a pas été procédé à la formation de cette liste, ils peuvent
s'engager en suivant la marche ordinaire (3).
En un mot cette faculté ne cesse pour eux que
quinze jours avant la clôture de la liste départementale. L'engagement contracté dans ce
cas serait annulé (4). L'engagé serait considéré comme ayant devancé l'appel, et son
incorporation serait régularisée suivant les
formes indiquées au titre IX (5).

(1) *Id*. Art. 1 et 2.
(2) *Id*. Art. 10.
(3) Circ. 4 mai 1819.
(4) Déc. 16 août 1819.
(5) Déc. 13 avril 1819.

§ II. — *Pour quels corps l'engagement peut se contracter.*

Tableau annexé à l'instruction du 20 mai 1818.

GARDE ROYALE.	Infanterie française.
	Grenadiers à cheval.
	Cuirassiers.
	Dragons.
	Chasseurs à cheval.
	Lanciers.
	Hussards.
	Artillerie à pied.
	Artillerie à cheval.
	Train d'artillerie.
LIGNE et MARINE.	Infanterie française.
	Carabiniers de Monsieur.
	Cuirassiers.
	Dragons.
	Chasseurs.
	Hussards.
	Garde-Royale de cavalerie.
	Artillerie à pied.
	Artillerie à cheval.
	Escadrons du train d'artillerie du génie.
	Compagnies d'ouvriers d'artillerie et du génie.
	Bataillon des pontonniers.
	Régimens du génie.
	Escadron du train des équipages militaires.
	Compagnies d'ouvriers des équipages mitaires.
	Sapeurs-Pompiers de la ville de Paris.
	Infirmiers entretenus de l'armée de terre.
	Régimens d'infanterie et d'artillerie de marine.
	Equipage de ligne de marine.

Il n'est admis aucun engagement volontaire pour les régimens étrangers au service de France, sauf l'exception relative au régiment de Hohenlohe, ni pour les compagnies de gendarmerie, compagnies sédentaires et autres, dont le recrutement est soumis à des règles particulières (1). (Voy. ci-après sect. 2e).

Les engagés volontaires devront avoir au moins, selon l'arme à laquelle ils se destinent, la taille fixée dans le tableau suivant (2).

(1) Inst. 20 mai 1818, art. 2.
(2) *Id.* Art. 5.

INDICATION DES CORPS	TAILLES	
	EN MÈTRES.	EN PIEDS MÉTRIQUES.
Régimens d'infanterie de la ligne et de la marine....	1 mètre 570 millim.	4 pieds 8 pouces 6 lignes.
Équipages de ligne de la marine........	1 598	4 9 6
Chasseurs et hussards de la ligne...........	1 652	4 11 6.
Garde royale. { Infanterie........ Chasseurs et hussards........ Train d'artillerie.. } Ligne. { Pontonniers..... Train d'artillerie et du génie...... Train des équipag. militaires. Ouvr. des mêmes équipages...... }	1 679	5 5
Garde royale. { Dragons........ Lanciers....... } Ligne. { Dragons......... Ouvriers de l'artillerie de terre et de la marine; ouvriers du génie. Régimens du génie }	1 706	5 5
Garde royale et ligne. { Cuirassiers...... Artillerie à pied et à cheval...... Régiment d'artillerie de la marine. }	1 733	5 2 5
Garde royale. — Grenadiers à cheval........... Ligne.—Carabiniers de Monsieur.............	1 788	5 4 4.

Mais, dit la circulaire du 22 août 1821, attendu l'insuffisance des ressources que présentent les produits du recrutement pour la cavalerie et les armes spéciales de la ligne, S. M. permet que les engagés volontaires soient reçus jusqu'à nouvel ordre.

SAVOIR :

Pour { Les Dragons. { à la taille d'1 mètre
{ Les ouvriers d'artillerie. { 693 millim.
{ Les régimens de génie. {

Pour { Les Cuirassiers, { 1 mètre 721 millim.
{ Les régimens d'artillerie {
{ à pied et à cheval. {

La circulaire ajoute « que ceux qui réclameront l'application de cette disposition, « devront racheter le désavantage de la taille « par une constitution robuste. »

§ III — *De la mise en route de l'engagé, et des dispositions à suivre jusqu'à son arrivée au corps.*

1. *L'officier de l'état civil dirigera directement l'engagé volontaire sur le corps* pour lequel l'engagement aura été reçu, et, à cet effet, lui délivrera, avec une expédition de l'acte d'engagement, une feuille de route provisoire, portant injonction de se présenter devant le premier sous-intendant militaire

li

dont la résidence se trouvera sur la ligne qu'il aura à parcourir pour se rendre à sa destination. Il adressera en même temps, et directement, au sous-intendant militaire en résidence daus le département où l'engagement aura lieu, une seconde expédition de l'acte. Le sous-intendant militaire transmettra cette expédition, après l'avoir enregistrée, au conseil d'administration du corps pour lequel l'engagement aura été reçu. Si cette expédition n'était pas encore parvenue au corps lors de l'arrivée de l'engagé, celle dont celui-ci sera porteur pourra servir à son incorporation ; et le soldat ne pourra en être dessaisi sans qu'il lui en soit donné une ampliation signée des membres du conseil d'administration, et visée par le sous-intendant militaire, ayant la police administrative du corps (1).

II. *Le sous-intendant militaire devant lequel l'engagé se présentera*, lui délivrera une feuille de route et les mandats d'indemnité de routes nécessaires pour qu'il se rende à sa destination, en lui tenant compte de cette indemnité, à partir du lieu où l'engagement aura été reçu (2).

Si par l'effet de la direction la plus courte, donnée à l'engagé, il se présente pour obtenir sa feuille de route devant un sous-intendant autre que celui du département où l'engagement aura été reçu, le premier de ces fonc-

(1) *Id.* Art. 14.
(2) *Id.*

tionnaires transmettra au second et au chef du corps sur lequel l'homme est dirigé, un bulletin qui servira à faire connaître le jour de son départ et l'époque présumée de son arrivée à destination.

III. *Si un engagé volontaire tombe malade en route*, il sera admis dans un hôpital, et le sous-intendant militaire ayant la police de cet hôpital, ou le fonctionnrire ayant le droit de le suppléer, retirera à cet engagé sa feuille de route et ses mandats d'indemnité ou de fournitures, et les conservera en dépôt, soit pour les lui remettre à sa sortie, s'il y a lieu, soit en cas de décès, pour les adresser à qui de droit. (Voy. plus bas n° 4). Le sous-intendant militaire ou son suppléant (1) fera connaître l'entrée à l'hôpital de l'engagé volontaire au sous-intendant militaire du département où l'engagement aura été contracté, et au corps sur lequel l'engagé a été dirigé.

Lorsque l'engagé sortira de l'hôpital pour

(1) Le sous-intendant sera suppléé, savoir : 1° Dans les chefs-lieux de département qui ne sont pas places de guerre, par un conseiller de préfecture, au choix du préfet ;

2° Dans les chefs-lieux d'arrondissement qui ne sont pas places de guerre, par le sous-préfet;

3° Dans toutes les places où il y a un major de place, par cet officier;

4° Dans les autres places de guerre, par le lieutenant de Roi;

5° Dans toutes les autres villes, par les maires. (Ordonnance du 18 septembre 1822.)

rejoindre ses drapeaux, *ou s'il s'évade* de l'hôpital, le sous-intendant militaire en donnera avis également à l'un et à l'autre.

Il sera fait mention sur la feuille de route de l'engagé sortant d'un hôpital, de la date de son entrée et de celle de sa sortie (1).

IV. *Si un engagé meurt en route*, l'acte d'engagement, la feuille de route et les mandats dont il aura été trouvé porteur, ainsi que son acte de décès, seront envoyés par l'officier de l'état civil au préfet du département où le décès a eu lieu, pour être, par lui, transmis, savoir :

L'acte d'engagement à l'officier de l'état civil qui l'aura dressé ;

La feuille de route et les mandats au sous-intendant militaire qui les aura délivrés.

Le préfet donnera en outre avis du décès, tant au sous-intendant militaire du département où l'engagement a été contracté, qu'au conseil d'administration du corps sur lequel l'engagé était dirigé (2).

V. (Art. 18 de l'instruction.) (3). « *Lorsqu'un engagé volontaire sera trouvé* par la gendarmerie *hors de la route* qui lui a été tracée, il devra être conduit devant le commandant

____

(1) Inst. ci-dessus. Art. 16.

(2) *Id.* Art. 17.

(3) C'est cet article et le suivant, que l'officier de l'état civil doit lire à l'engagé volontaire, avant la signature de l'acte d'engagement.

de gendarmerie de l'arrondissement, qui, suivant l'examen des motifs, le fera remettre sur le chemin qu'il devait suivre, ou conduire de brigade en brigade à son corps.

(Art. 19). *Si quinze jours après celui où un engagé volontaire aura dû arriver au corps, il ne s'y est pas rendu*, et si le chef du corps n'a pas été informé de son entrée à l'hôpital, ou de son décès en route, cet engagé sera considéré comme *prévenu de désertion et poursuivi comme tel. A cet effet, le chef du corps adressera aussitôt* au commandant de la gendarmerie du lieu de la garnison, et au ministre de la guerre (*bureau de la justice militaire*), le signalement exact de l'engagé; il donnera avis de la non arrivée au corps au sous-intendant militaire du département où l'engagement aura été reçu, afin que la recherche de la personne de l'engagé puisse avoir lieu, sans délai, dans l'étendue de ce département. »

Cette décision nous semble illégale. La loi seule peut déterminer les faits qu'elle qualifie de crimes et qu'elle punit comme tels. Or, nous ne concevons pas qu'une instruction ministérielle puisse ajouter une sanction pénale à des dispositions auxquelles la loi ne reconnaît aucune force exécutoire. En ce cas surtout, il y a plus que de l'illégalité dans le principe posé par l'instruction; il y a injustice. En effet nul ne peut être lié par un contrat réciproque de sa nature, quand une autre

partie n'est pas liée à son tour. Or, *l'engage-*
ment n'est pas parfait encore : il peut être annulé lors de l'examen au corps de l'engagé
(*voy.* le § suiv., n° 2). Il est donc injuste et cruel
de lui faire subir les conséquences d'une obligation qui n'est pas encore définitive. Aussi
croyons-nous que l'instruction veut plutôt
effrayer et contenir, qu'imposer aux tribunaux
un cas de pénalité que ceux-ci ne doivent
chercher que dans la loi, et qu'ils devraient
par conséquent repousser, dans l'espèce qui
nous occupe.

§ IV. — *De l'arrivée au corps, et de l'exa-*
men définitif de l'engagé.

I. *A l'arrivée de l'engagé volontaire au*
corps, le chef de ce corps le fera porter sur
le registre-matricule, et en rendra compte à
l'officier-général commandant. *Si l'engagé,*
à son arrivée au corps, *a été trouvé impropre*
au service, il n'en devra pas moins être reçu
provisoirement par le chef du corps, qui
pourra ne lui faire délivrer que les effets
d'habillement et d'équipement absolument
nécessaires, et *il sera présenté, pour la ré-*
forme, à la première revue d'inspection (1).

II. *Si l'inspecteur général le juge défini-*
tivement *impropre* au service, *il sera renvoyé*
dans ses foyers, à cet effet il lui sera délivré :

(1) I. M. 20 mai 1818, art. 20.

1° Une copie de la décision de l'inspecteur général qui sera écrite au dos de l'expédition de l'acte d'engagement, laquelle copie sera signée des membres du conseil d'administration, et visée par le sous-intendant militaire ;

2° Une feuille de route, portant indemnité de quinze centimes par lieue.

Le conseil d'administration fera passer une copie de la même décision au sous-intendant militaire du département dans lequel l'engagement aura été contracté, et sur la transmission qui en aura été faite par ce dernier au préfet du département, l'officier de l'état civil fera mention de l'annulation de l'engagement sur les registres, en marge de la minute de l'acte (1).

III. L'engagé volontaire qui ne sera pas susceptible de servir dans l'arme dont il a fait choix, ne pourra être contraint de s'engager dans un autre corps. *Si cependant il consent à entrer dans un autre corps*, pour lequel il est apte à servir, le général inspecteur le préviendra qu'*il peut contracter*, devant les autorités civiles, *un nouvel engagement*; et lui donnera toutes les facilités nécessaires à cet égard (2).

IV. *Quant à ceux qui*, lors de l'engage-

(1) *Id.* Art. 21.
(2) Inst. 11 juin 1819.

4*

ment, *auraient fait partie d'une classe appelée*, ils seront conservés provisoirement au corps, et le sous-intendant militaire chargé de la police de ce corps fera passer à celui du domicile de l'engagé un bulletin, indiquant ses noms, prénoms, etc... Ce sous-intendant fera connaître en réponse, si l'homme a été compris dans la liste du contingent, et si l'ordre des désignations pour l'activité a atteint son numéro. Dans ce dernier cas, l'engagé devra être dirigé sur le corps pour lequel il aurait été jugé propre par l'inspecteur général (1).

V. *Si cet engagé fait partie des classes non encore appelées*, il sera mentionné dans les décisions des inspecteurs, qu'il est susceptible d'être compris dans le tirage de sa classe, et d'être examiné de nouveau (2).

§ V. *Durée de l'engagement.*

La durée du service militaire, pour les engagemens volontaires, était, d'après la loi de 1818, de six ans, dans l'infanterie, et de huit ans dans la cavalerie. La loi du 9 juin 1824 (art. 3) a abrogé ces dispositions; et la durée du service pour les engagés volontaires, depuis la promulgation de cette loi, est fixée à huit années, dans quel corps que ce soit.

(1) *Id.*
(2) Circ. 24 juin 1822.

§ VI. *Nullité des engagemens volontaires.*

I. *L'acte d'engagement* volontaire *peut*, comme tout autre contrat, *être attaqué pour cause de nullité*, soit pour défaut de capacité du contractant, soit pour vices de forme.

II. *L'omission* des conditions relatives à la durée du service ou des formalités prescrites est une *cause de nullité* dans les actes d'engagemens (1).

III. *L'action en nullité*, formée par l'engagé ou ses ayant-cause, *est intentée contre* le préfet qui, par l'art. 16 de la loi de 1818, est désigné comme le contradicteur des demandes à fin de libération (2). Le préfet peut instruire et défendre, par simple mémoire qu'il adressera au procureur du roi, et sans ministère d'avoué (3).

IV. Les demandes doivent être portées *devant le tribunal de première instance* du domicile de l'engagé. Il est statué, sur ces demandes, sans délai, comme causes urgentes et sommaires, à la requête de la partie la plus diligente. Les jugemens devront contenir seulement les conclusions, les motifs et le dispositif. Les parties peuvent se faire déli-

(1) Art. 4 de la loi de 1818.
(2) Circul. M. 7 et 19 juillet 1819.
(3) *Id.* 7 juillet 1819, art. 3.

vrer, par simple extrait, le dispositif des jugemens interlocutoires; et s'il y a lieu à enquêtes, elles seront mises en minute sous les yeux des juges. Les appels seront portés à l'audience sur simple acte et sans autres procédures. Les dépens ne doivent guère consister qu'en déboursés (1).

V. La circulaire ministérielle ajoute que ce n'est pas aux tribunaux *à prononcer la libération*, mais aux conseils de révision, après que les premiers ont prononcé sur la validité ou la nullité de l'acte.

VI. Dès que la demande en annulation est signifiée au préfet, il doit la faire connaître au ministre qui examine s'il peut y faire droit, ou si la contestation doit être suivie devant les tribunaux (2).

VII. *La demande en nullité* d'engagement *n'a pas d'effet suspensif.* En conséquence, *tout engagé qui*, sous le prétexte de cette demande, *ne se rendrait pas à la destination qui lui est assignée*, ou quitterait son corps avant la notification de la décision du ministre de la guerre, *devra être poursuivi comme déserteur*, et son signalement envoyé à la gendarmerie (3).

(1) *Id.* Art. 6 et 8.
(2) C. M. 19 juillet 1819.
(3) *Id.* Les réflexions que nous avons faites tout-à-l'heure, s'appliquent à plus forte raison encore à la disposition de cette circulaire. Voilà un homme qu'on poursuit comme déserteur, et peut-être il sera décidé

VIII. *Toutes réclamations des engagés vo-*
lontaires, ou de leurs parens, ou de leurs
ayant-cause, touchant les engagemens, ne
doivent être adressées aux bureaux du ministère que dans le cas de déni de justice de la
part des autorités civiles du département, ou
des autorités militaires auxquelles il appartient de provoquer ou de donner des solutions (1).

§ VII. — *Comptes à rendre sur les enga-*
gemens.

I. Le sous-intendant militaire, en résidence dans le département où l'engagement
aura été contracté, transmettra, à la fin de
chaque mois, aux préfets du domicile *de droit*
des engagés volontaires les avis qui lui auront été donnés (Voy. ci-dessus § III, n°° 1 et 2.),
concernant la destination assignée à ces engagés, ou leur décès, ou leur incorporation,

qu'il n'est pas soldat. Si cette décision intervient, la
punira-t-on? Le doute seul serait absurde. La circulaire nous conduirait cependant à cette conséquence.
Sans doute, le jeune soldat ne doit pas quitter son corps
avant que les tribunaux n'aient prononcé; mais s'il
faut une sanction pénale pour le retenir sous les drapeaux,
que ce soit dans le cas où l'acte d'engagement serait déclaré valable, et qu'elle n'intervienne pas en termes absolus, sous le prétexte que la demande n'a pas d'effet
suspensif.

(1) Ordre publié le 22 décembre 1820.

ou leur désertion en route, ou l'annulation de leur engagement. Il transmettra également aux intendans militaires des divisions l'état des engagemens reçus dans son département (1).

Le dernier jour de chaque mois, les chefs de corps dresseront et enverront au ministre l'état des engagemens qui auront été contractés, pour les corps qu'ils commandent, dans le cours du mois précédent (2).

SECTION II. Dispositions particulieres a certains corps de l'armée.

§ I. — *Garde royale*.

Les formalités à suivre *pour les engagemens dans la garde royale* ne sont pas en tout les mêmes que celles indiquées ci-dessus. Elles diffèrent en plusieurs points. (Nous n'indiquons ici que les différences, renvoyant pour le surplus à la section précédente.)

I. *Les hommes* qui désirent entrer dans la garde royale *se présenteront devant* le maire de leur commune (à Paris, à la préfecture de police), et ils en obtiendront, s'il y a lieu,

(1) Inst. 20 mai 1818, art. 22 et 24.
(2) *Id.* Art. 23.

le certificat dont il a été parlé plus haut, p. 27. Il leur sera délivré en outre un ordre pour qu'ils aient à se présenter devant le maréchal-de-camp commandant la subdivision, et à son défaut, devant l'officier le plus élevé en grade parmi ceux de la résidence. S'il se trouve dans le département un officier supérieur du corps sur lequel l'engagé aura fixé son choix, ce sera devant lui que cet engagé devra se présenter. *A Paris, et dans l'étendue du département de la Seine*, si le chef du corps n'est pas sur les lieux, l'aspirant sera envoyé à l'état-major général de la garde, pour y être examiné par l'officier général ou supérieur que le major général de service aura commis à cet examen (1).

II. *Cet officier, après examen, délivrera*, s'il y a lieu, à l'aspirant un certificat d'aptitude (Voy. pag. 26). Au vu de ce certificat, le maire du chef-lieu du département recevra l'engagement volontaire. Les droits de l'engagé à l'indemnité commenceront du lieu où aura été reçu l'engagement (2).

III. *Les hommes auxquels le certificat* d'aptitude *aura été refusé* n'auront droit à aucune indemnité de route, soit à raison du trajet qu'ils auront fait pour se rendre au chef-lieu, soit pour le retour dans leur commune (3).

(1) Inst. 25 novembre 1820, art. 14 , 15 et 16.
(2) *Id.* Art. 19.
(3) *Id.* Art. 18.

IV. *Les engagés volontaires dirigés* sur les corps de la garde royale, *ne seront considérés comme en faisant partie* que lorsqu'ils auront été admis par les inspecteurs généraux de la garde. L'admission ou le rejet devront être prononcés dans les deux mois qui suivront l'arrivée des hommes; après ce terme, aucun renvoi ne pourra avoir lieu que sur un ordre spécial du ministre de la guerre. *Ceux qui seront reconnus non admissibles* seront mis à la disposition du lieutenant-général commandant, qui leur fera délivrer une feuille de route pour se rendre dans leurs foyers; ou, s'ils le désirent, et dans le cas où ils réuniraient les conditions requises, les dirigera sur un corps de ligne; s'ils ont désigné le corps dans lequel ils désirent être admis, ils ne pourront être incorporés que dans ce même corps (1).

V. Les engagés volontaires qui seront admis dans les corps de la garde seront inscrits sur les contrôles des compagnies où ils seront incorporés à la suite des soldats de deuxième classe, à dater du jour de leur admission dans la garde. Les deux années de service, exigées pour passer de la seconde classe à la première, ne commenceront que du jour de cette admission (2).

(1) Ord. R. 7 juin 1820, art. 11: et Inst. M., 25 novembre 1820, art. 22 et 23.
(2) Inst. M. 25 novembre 1820, art. 24 et 25.

Cette disposition n'est point applicable aux militaires libérés qui, ayant souscrit postérieurement au 24 avril 1822, ou souscrivant à l'avenir un engagement volontaire pour la garde royale, n'ont pas laissé ou ne laisseront pas s'écouler plus de six mois avant de reprendre du service. Ces anciens militaires doivent toucher immédiatement la solde de première classe, au vu du certificat de bonnes vie et mœurs qui leur aura été délivré par les autorités civiles du lieu où ils ont résidé depuis leur libération, et s'il résulte des informations prises près de leurs anciens chefs, qu'ils ne se sont pas attirés de reproches graves dans leur service (1).

§ II. — *Sapeurs-pompiers de la ville de Paris.*

I. *Nul homme ne peut être admis* à s'engager pour le bataillon des sapeurs-pompiers de la ville de Paris, *s'il ne justifie* qu'il a satisfait aux appels, conformément à la loi du recrutement. *Aucun certificat d'acception n'est valable* pour ce corps *s'il n'a été* délivré par l'officier commandant (2).

II. *Un engagement volontaire* contracté *pour ce corps n'est définitif* que lorsque le

(1) Ord. R. 24 avril 1822.
(2) Déc. 22 janvier 1822.

préfet de police a reconnu que l'engagé réunissait les qualités requises (1).

La durée de l'engagement est fixée à huit ans; celle des rengagemens à deux, quatre ou huit ans (2).

§ III. *Armée de mer.*

I. *Aucun sujet ne sera admis* à s'engager dans les équipages de ligne de la marine, si, n'appartenant pas à l'inscription maritime, il n'est âgé de *dix-sept ans* au moins, et de *vingt-cinq ans* au plus; s'il appartient déjà à l'inscription, l'engagement sera reçu jusqu'à l'âge de *trente ans* (3).

Les enrôlés, quelle que soit leur origine, *devront avoir au moins la taille* d'un mètre 598 mill. (4 pieds 11 pouces).

II. *Les jeunes gens âgés de dix-huit ans contracteront* leur engagement devant l'officier de l'état civil, et d'après les formes prescrites pour les troupes de terre (4).

Les jeunes gens âgés de moins de dix-huit ans qui voudront servir dans les équipages de ligne *se présenteront* devant le préfet ou le sous-préfet, munis de leur extrait de

(1) Ord. R. 7 novembre 1821, art. 9.
(2) *Id.*
(3) Réglement du 7 janvier 1824, art. 14.
(4) *Id.* art. 13 et 16.

naissance, du consentement par écrit de leurs père et mère, à défaut de tuteur, de leur plus proche parent, et d'un certificat de bonne conduite délivré par le maire de leur commune. Le préfet ou sous-préfet, après s'être assuré qu'ils ont les qualités requises, les fera diriger sur l'un des ports où les équipages auront leur dépôt : ils n'y seront admis qu'après avoir été visités par le chirurgien major, et déclarés propres au service (1).

III. *Tous les enrôlés volontaires* admis dans les équipages de ligne, *à l'exception* de ceux qui proviendraient des régimens d'artillerie et d'infanterie de la marine, *recevront une somme de cinquante francs*, à titre de gratification d'embarquement (2).

IV. *La durée de l'enrôlement* est de huit ans. (3).

§ IV. — *Régiment de Hohenlohe.*

I. Le régiment de Hohenlohe a été institué pour remplacer les anciens régimens étrangers, et recevoir les étrangers qui désirent servir en France, et les anciens militaires qui, n'étant pas naturalisés, ne peuvent être reçus dans les troupes françaises (4).

(1) *Id.* art. 16 et 24.
(2) *Id.* art. 25.
(3) *Id.* Art. 15.
(4) Circ. 26 avril 1819.

Aucun Français ne peut être admis dans ce corps, à moins d'une autorisation particulière du ministre de la guerre. *Aucun Suisse* ne peut non plus y être admis (1).

II. *Les hommes qui se présenteront* pour faire partie de ce corps *devront avoir au moins la taille* d'un mètre 624 mill. (cinq pieds): *être âgés* tout au plus de trente ans, s'ils n'ont jamais servi, et de trente-cinq, s'ils ont déjà servi, et *réunir d'ailleurs* les qualités requises pour faire un bon service. *Ils devront en outre* être porteurs d'un acte de naissance ou d'une autre pièce équivalente, et d'un certificat de bonnes vie et mœurs. Dans le cas où l'homme ne serait pas porteur de ces pièces, il sera renvoyé par devant le maréchal-de-camp commandant la division, qui décidera s'il peut être admis à s'engager (2).

III. *Les engagemens seront reçus* par les sous-intendans militaires (3).

IV. La durée de l'engagement est de huit années (4).

(1) Circul. 26 avril 1819.
(2) *Id.*
(3) *Id.*
(4) Loi du 9 juin 1824, art. 2.

TITRE DEUXIÈME.

—

DES APPELS.

—

SECTION Ire. — DES FORMALITÉS, DEPUIS L'OR-
DONNANCE ROYALE QUI DÉTERMINE LE NOMBRE
D'HOMMES A APPELER, JUSQU'A L'EXAMEN DES
TABLEAUX DE RECENSEMENT.

§ Ier. — *Du contingent.*

I. Les appels faits chaque année, conformément à la loi de 1818, pour le recrutement
des troupes de terre et de mer, seront de
60,000 hommes (1).

II. Aussitôt après la promulgation de l'ordonnance du roi qui déterminera le nombre
d'hommes à appeler, et leur répartition entre
les départemens, conformément à l'art. 6 de
la loi de 1818, *les préfets répartiront le contingent* assigné par ladite ordonnance à leurs
départemens respectifs, entre les arrondisse-

—

(1) Loi du 9 juin 1824, art. 1.

5*

mens et les cantons, proportionnellement à leur population et d'après les derniers dénombremens officiels adressés au ministre de l'intérieur.

III. *L'état de répartition* entre les arrondissemens *restera affiché* pendant huit jours à la porte extérieure de la préfecture et à celle de la sous-préfecture (1).

IV. Chaque canton ne doit que le contingent qui lui est assigné d'après la population générale, et le déficit qu'offrirait un canton ne peut être supporté par les autres (2).

Telles sont les règles générales relatives à la quotité et à la répartition du contingent. Il reste à examiner les formalités à remplir jusqu'à l'examen des tableaux de recensement. Nous traiterons séparément les fonctions des maires et celles des préfets et sous-préfets.

§ II. — *Fonctions des maires.*

I. Chaque année, dans les premiers jours de janvier, *les maires feront le tableau de recensement* des jeunes gens qui auront accompli leur vingtième année avant le 1er du mois (3).

II. *Ils n'inscriront que* les jeunes gens dont

(1) I. M. 12 août 1818, art. 1.
(2) C. M. 11 juin 1819, 2e q.
(3) *Id.* Art. 6.

l'existence sera notoire, et dont l'exclusion n'est pas prononcée par l'art. 2 de la loi. Cet article n'est pas applicable aux jeunes gens condamnés par les tribunaux, lorsque le jugement prononcé contre eux a été rendu par contumace; c'est ce qui résulte d'une circulaire du 9 avril 1821.

III. Afin d'éviter les omissions dans le tableau de recensement, les maires *consulteront* les registres des naissances, des passeports, et tous autres actes publics auxquels ils croiront devoir recourir. Ils pourront également appeler les jeunes gens susceptibles d'être portés sur le tableau pour se faire donner par eux les indications dont ils auraient besoin.

IV. Les jeunes gens seront tenus de se présenter devant les maires de leurs communes respectives sur l'ordre qui leur en sera donné par ces fonctionnaires. Il est très-important pour les jeunes gens de remplir cette formalité, puisque autrement ils retarderaient l'époque de leur libération; car, d'après la loi, art. 11, et la circulaire ministérielle du 11 juin 1819, 4ᵉ question, ils peuvent être appelés pour le tirage qui suit l'époque de la découverte de l'erreur ou de l'omission.

V. *S'il n'existe pas d'acte de naissance* d'un jeune homme présumé appartenir à la classe de l'année, *les maires*, pour satisfaire à l'art. 11 de la loi, *consulteront* sur son âge la notoriété publique. A cet effet, *ils procéde-*

ront d'office à une enquête administrative. Ils ne doivent pas se borner dans cette enquête aux renseignemens des personnes présentées par les parties, mais ils sont tenus de *provoquer* eux-mêmes les déclarations *des notables habitans*, et principalement de ceux qui ont des fils inscrits sur le tableau. Pour s'aider dans cette enquête, ils doivent encore consulter tous les documens qu'ils jugent convenables, et ils n'auront point méconnu la voix de la notoriété publique quand ils se seront décidés d'après les indices les plus probables (1).

VI. Cependant il n'y a pas lieu à consulter la notoriété publique à l'égard des jeunes gens qui produisent, en remplacement de leur acte de naissance, conformément à l'art. 46 du Code civil et aux avis du conseil-d'état des 3 janvier et 5 novembre 1802, un jugement régulier et rendu contradictoirement avec la partie publique (2).

VII. *Les maires n'inscriront* que les jeunes gens qui ont leur domicile ou qui sont considérés comme ayant légalement leur domicile dans le canton (3).

VIII. « *Seront considérés comme légalement domiciliés* dans le canton, dit l'art. 8 de la loi :

« 1° Les jeunes gens, même émancipés,

(1) C. M. 6 novembre 1818, 1re q.
(2) C. M. 19 juillet 1819, 1re q.
(3) I. M. 12 août 1818, 6.

engagés, établis au dehors, expatriés, absens ou détenus, si d'ailleurs leurs père, mère ou tuteur ont leur domicile dans une des communes du canton, ou s'ils sont fils d'un père expatrié qui avait son dernier domicile dans l'une desdites communes;

« 2° Les jeunes gens mariés dont le père, ou la mère à défaut de père, sont domiciliés dans le canton, à moins qu'ils ne justifient de leur domicile réel dans un autre canton;

« 3° Les jeunes gens mariés et domiciliés dans le canton, lors même que leurs père et mère n'y seraient pas domiciliés ;

« 4° Les jeunes gens nés et résidant dans le canton, qui n'auraient ni leur père, ni leur mère, ni tuteur ;

« 5° Les jeunes gens résidant dans le canton qui ne seraient dans aucun des cas précédens, et qui ne justifieraient pas de leur inscription dans un autre canton. »

Cet article comprend en même temps le domicile de droit et le domicile de fait ou la résidence. Il importe de rappeler en analyse les dispositions du Code civil sur cette matière.

IX. « Art. 102. Le domicile de tout Français, quant à l'exercice de ses droits civils, est au lieu où il a son principal établissement. — 108. Le mineur émancipé aura son domicile chez ses père et mère ou tuteur; le majeur interdit, chez son tuteur. — 109. Les majeurs qui servent ou travaillent habituellement chez autrui auront le même domicile que la personne qu'ils servent ou chez laquelle ils travaillent, lorsqu'ils demeureront dans la même maison.

X. Ces divers textes ont été commentés et expliqués par des décisions ministérielles que nous rappellerons succinctement :

« 1° Les jeunes gens, même majeurs, doivent être inscrits au lieu du domicile de leurs père et mère. Ils ne peuvent être autorisés à se faire inscrire sur les tableaux de recensement d'un autre canton, à moins qu'ils ne soient mariés, et qu'ils n'aient un domicile réel et distinct de celui de leurs père et mère (1).

« 2° Celui dont le père paie dans un département une contribution foncière, mais réside dans un autre département où il exerce un état depuis plusieurs années, et où il paie la contribution personnelle et sa patente, doit être compris sur les tableaux de ce dernier département, où est le principal établissement et par conséquent le domicile réel de son père (2).

« 3° Celui dont le père est décédé sera inscrit sur les tableaux de recensement de la commune où sa mère est domiciliée, lors même été qu'il lui aurait donné un tuteur ayant son domicile dans une autre commune (3).

(1) C. M. 6 octobre 1818, 5ᵉ q.
(2) Déc. 8 juin 1819.
(3) I. M. 12 août 1818. 8.

Il nous semble qu'il eût été plus légal de décider que l'inscription aurait lieu au domicile du tuteur, seul domicile reconnu par la loi. (Voy. p. 57, n° 9.)

4° Les orphelins de père et mère qui n'ont pas de tuteur, seront inscrits sur le tableau de la commune où ils sont nés, et ils y seront maintenus s'ils ne prouvent pas qu'ils aient été portés sur ceux de la commune où ils résident (1).

5° Tout orphelin devenu majeur n'a plus de tuteur, et la décision ci-dessus lui est applicable (2).

6° Les élèves d'hospices, d'écoles d'arts et de métiers, ou d'autres établissemens publics, lorsqu'ils sont orphelins de père et de mère, ont pour tuteur, les administrateurs des établissemens où ils se trouvent ; en conséquence, ils doivent être inscrits dans la commune où sont ces établissemens (3).

XI. La loi dit que *les Français seulement* seront inscrits sur les tableaux de recensement. Cette disposition a donné lieu aux décisions suivantes.

Seront inscrits, et toujours en observant les distinctions établies ci-dessus, relativement au domicile :

(1) *Id.* 7.
(2) Sol. 9 oct. 1819.
(3) Sol. 5 juin 1819 et 26 sept. 1818.

1.º Les *fils de Colons*, dont les père et mère ou tuteur ont acquis domicile en France (1).

2.º Les jeunes gens dont la famille est en France, et qui se trouvent en pays étrangers: leur inscription se fera au domicile de leur famille, et ils seront considérés comme présens, si leur existence est notoire (2).

3.º Les enfans d'étrangers qui avaient obtenu en France les droits de naturalité, antérieurement à la constitution de l'an 8, et notamment en vertu de la loi du 2 mai 1790, et qui sont nés depuis que leur père jouissent de la qualité de Français (3).

(La décision où nous puisons cet alinéa ajoute que celui qui se trouvera dans ce cas ne pourra invoquer le bénéfice de l'art. 9 du Code civil, qui permet aux enfans de l'étranger, nés en France, de réclamer ou de ne pas réclamer dans l'année qui suit leur majorité la qualité de Français : cette addition est au moins superflue, puisque l'art. 9 parle du fils de l'étranger, et qu'il s'agit ici d'un fils de français).

4.º Celui dont le père, français lors de la naissance de ce fils, est devenu depuis étranger.

5.º Les individus nés dans l'*ancienne France*, et qui, depuis la cession de leur pays à une

(1) I. M. 2 juillet 1820.
(2) Sol. 18 septembre 1818.
(3) Déc. 3 avril 1822.

puissance étrangère, ont continué de résider dans le royaume, ou sont restés sous les drapeaux ; car ils doivent être considérés comme n'ayant pas cessé d'être français (1).

XII. *Ne doivent pas être inscrits*,

1° Les jeunes gens dont les pères, mères ou tuteurs, ont leur domicile légal dans les colonies françaises : ils resteront soumis, pour ce qui concerne la défense de l'Etat, aux lois et réglemens qui, aux termes de l'art. 73 de la Charte, régissent ces colonies (2) ;

2° Le fils d'un étranger, quoique né en France d'une mère Française d'origine (3);

3° Les jeunes gens nés en France postérieurement au Code civil, d'étrangers non naturalisés à cette époque : ils sont étrangers comme leurs pères, *quel que soit d'ailleurs le temps de la résidence en France de leur famille* (4) ;

4° Les jeunes gens expatriés, dont les familles ont obtenu des lettres-patentes autorisant leur naturalisation en pays étranger (5) ;

5° Les jeunes gens qui résident dans le royaume, avec ou sans leurs parens, mais appartenant à des départemens réunis pen-

(1) Déc. 22 janvier 1822.
(2) I. M, 12 août 1818. 9.
(3) Lettre minist. 5 février 1819.
(4) *Id.* 3 avril 1822.
(5) I. M. 12 août 1818, 10.

dant quelques années à la France, et qui an-
jourd'hui n'en font plus partie (1);

6° Les jeunes gens qui sont en pays étranger, et dont, faute de nouvelles, l'existence
ne peut être notoirement établie (2).

XIII. *Les tableaux de recensement* dressés
d'après les règles précédentes, *seront publiés
et affichés*, dans chaque commune, à la porte
de la maison commune, conformément aux
art. 63 et 64 du Code civil.

XIV. *Un avis publié dans les mêmes formes
indiquera* les jours, lieu et heure où il sera
procédé à l'examen desdits tableaux et à la
désignation par le sort du contingent canton-
nal. (Art. 11 de la loi.)

XV. Les maires devront également publier
et afficher la copie de l'état de répartition qui
leur aura été transmise par le préfet.

XVI. *Dans le cas d'omissions* à l'une des
classes précédentes, les maires, d'après l'avis
qui leur en aura été donné par le préfet, devront inscrire les jeunes gens omis. Ils peuvent également les porter d'office sur la
liste, si, postérieurement au tirage, ils dé-
couvrent des omissions (3). (*Voir* § suivant,
n°ˢ 3 et 4.)

XVII. Ils doivent dénoncer aux tribunaux
les jeunes gens qui, pour ne point être portés

(1) Sol. 28 janvier 1822.
(2) *Id.* 7 septembre 1819.
(3) I. M. 12 août 1818, 133.

sur les tableaux de recensement, auraient fait usage d'actes de naissance qui ne leur appartiendraient pas (1).

§ III. — *Fonctions des préfets et sous-préfets.*

I. Les préfets devront, ainsi qu'il a été dit ci-dessus (*Voy.* pag. 53, nº 2), dresser l'état de répartition du contingent; ils en adresseront copie aux maires des communes par l'intermédiaire des sous-préfets.

L'état de répartition sera affiché et publié, et les préfets pourront réunir sur la même affiche l'état de la répartition entre les arrondissemens, et celui de la répartition entre les cantons; mais ils doivent veiller à ce que la population et le contingent de chaque canton y soient exactement indiqués (2).

II. *Les préfets devront veiller aux omissions* qui auraient pu avoir lieu dans le tirage des classes précédentes : à cet effet, ils feront dresser, pour chaque commune, dans le courant du mois de décembre qui précède le recensement, et transmettre aux maires, par l'intermédiaire des sous-préfets, la liste des jeunes gens qui, pour fait d'omission sur les listes du tirage, auraient été renvoyés à *la classe de l'année suivante* (3).

Cette inscription doit être faite sur la liste

(1) Sol. 23 octobre 1818.
(2) C. M. 11 juin 1819. 2ᵉ q.
(3) I. M., 12 août 1818. 132.

de la classe qui suit immédiatement l'époque de la découverte de l'omission, bien qu'une ou plusieurs classes aient été appelées dans l'intervalle (1).

III. *Seront considérés comme omis* les jeunes gens des classes antérieures dont l'existence aurait été constatée depuis l'appel de ces classes. Ceux qui n'auraient été inscrits sur aucun tableau précédent, et ceux qui en auraient été rayés avant le tirage (2), seront également réputés omis; les jeunes gens qui, par suite de l'insuffisance des numéros mis dans l'urne lors du tirage n'auraient pas pu participer à ce tirage (*Voy.* ce que nous disons plus bas, pag. 70, n° 8).

IV. La libération d'une classe n'a aucune influence sur ceux qui, étant de cette classe, n'ont pas satisfait à la loi : la recherche de ces hommes ne doit pas être discontinuée (3).

SECTION II. — DES FORMALITÉS DEPUIS L'EXAMEN DES TABLEAUX DE RECENSEMENT JUSQU'A LA CONVOCATION DES JEUNES GENS DEVANT LE CONSEIL DE RÉVISION.

§ Ier. — *De l'examen des tableaux.*

I. Un avis publié dans les mêmes formes que les tableaux de recensement (*Voy.* p. 62. n° 13) indiquera les lieu, jour et heure où il

(1) Circ. du 11 juin 1819. 4ᵉ q.
(2) Circ. 30 mai 1820. 7ᵉ q.
(3) Sol. 3 déc. 1824.

sera procédé à l'examen desdits tableaux et à la désignation par le sort du contingent cantonal (art. 11 de la loi de 1818).

II. Cet avis sera publié les mêmes jours que les tableaux de recensement. Il tiendra lieu de convocation pour les jeunes gens (1).

III. Dans les cantons composés de plusieurs communes, cet examen et cette désignation auront lieu au chef-lieu du canton en séance publique, devant le sous-préfet, assisté des maires du canton.

IV. Dans les cantons composés d'une commune ou d'une portion de commune, le sous-préfet sera assisté du maire et des adjoints (2).

V. Les sous-préfets présideront à l'examen des tableaux des cantons de leur arrondissement.

VI. En cas d'empêchement légitime, ils seront remplacés par un conseiller de préfecture au choix du préfet, ou par un membre du conseil d'arrondissement.

En aucun cas, un sous-préfet ne pourra être remplacé par un secrétaire ou toute autre personne sans caractère public.

VII. Dans cet examen, ainsi que dans les rectifications à faire, les sous-préfets prendront l'avis des maires dont ils devront être assistés aux termes de la loi (3).

(1) I. M. 12 août 1818. 16.
(2) Art. 12 de la loi de 1818.
(3) I. M. 12 août 1818. 17 et 18.

VIII. Les maires seront remplacés par leurs adjoints, si des motifs légitimes les empêchent d'assister à l'examen des tableaux de recensement.

Chacun d'eux sera porteur de deux expéditions du tableau de recensement de sa commune (1).

IX. Les préfets peuvent prescrire aux maires d'envoyer aux sous-préfets une expédition de ces tableaux, à partir du jour fixé pour leur première publication, afin de faciliter les préparations que ces derniers fonctionnaires doivent faire pour assurer la régularité de l'examen (2).

X. Un conseiller de préfecture, désigné par le préfet, présidera à l'examen des tableaux des cantons formant l'arrondissement du chef-lieu de département.

XI. Pour les arrondissemens des chefs-lieux de département qui ont beaucoup de cantons, les préfets sont autorisés à désigner plusieurs conseillers de préfecture qui opéreront simultanément (3).

XII. Les préfets, lorsque le bien du service l'exige, peuvent présider eux-mêmes à l'examen dont il est parlé au n° 10 ci-dessus (4).

(1) *Id.* 19.
(2) Circ. 11 juin 1819. 6ᵉ q.
(3) Sol. 26 sept. 1818.
(4) Circ. 11 juin 1819. 5ᵉ q.

XIII. Après avoir fait donner une lecture publique du tableau de recensement de chacune des communes du canton, le sous-préfet demandera aux personnes présentes, si elles connaissent des jeunes gens de la classe actuellement appelée, qui n'aient pas été portés sur les tableaux, ou si les jeunes gens qui y ont été portés ont des réclamations à faire contre leurs inscriptions (1).

XIV. Les jeunes gens de la classe actuellement appelée, qui n'auraient pas été inscrits, seront portés à la suite du tableau de leur commune, avec tous les renseignemens qui les concernent. Les jeunes gens qui auraient mal à propos été portés sur les tableaux en seront rayés par le sous-préfet (2).

XV. *S'il y a contestation* relativement à des exclusions prononcées par des maires, les sous-préfets pourront rectifier leurs opérations (3).

XVI. *Le sous-préfet annotera* dans la colonne ménagée à cet effet, sur les tableaux, *tous les changemens* et corrections auxquels l'examen donnera lieu ; il y fera connaître les motifs de chacun de ces changemens ou corrections (4).

XVII. Il vérifiera si la taille de tous les

(1) I. M. 12 août 1818. 21.
(2) *Id.* 22.
(3) Sol. 27 nov. 1818.
(4) I. M. 12 août 1818. 23.

jeunes gens inscrits au tableau de recensement, y est indiquée ; si ces indications manquent, il prendra des informations près des maires et des jeunes gens de la commune, et remplira les lacunes qu'il aurait découvertes (1).

XVIII. *Lorsque les tableaux de recensement du canton auront été rectifiés, ils seront arrêtés définitivement* par le sous-préfet, et aucune addition ne pourra y être faite. Les jeunes gens de la classe actuellement appelée, qui, pour un motif quelconque, n'auraient pas été inscrits, seront renvoyés à la classe suivante, et portés sur les tableaux de cette classe (2).

XIX. Après avoir arrêté les tableaux de recensement, le sous-préfet en fera donner une seconde lecture publique ; et il préviendra les jeunes gens et leurs parens que les réclamations qu'ils auraient encore à faire, relativement à la formation et à la rectification de ces tableaux, doivent être portées devant le conseil de révision (3).

XX. Les conseils de révision auront aussi à examiner les tableaux de recensemens. (*Voy*. tit. III, sect. 2, § II.

----

(1) Circ. 6 avril 1821.
(2) I. M. 12 août 1818. 24.
(3) *Id*. 25.

§ II. *Du Tirage.*

Nous examinerons dans ce § les formalités relatives au tirage, aux formation, publication et révision de la liste de tirage. (*Art.* 12 *de la loi.*)

I. Les opérations du tirage commenceront immédiatement après que les tableaux de recensement auront été définitivement arrêtés (1).

II. Le tirage doit être fait au chef-lieu du canton. Cependant il peut, lorsqu'il y a des inconvéniens graves, s'effectuer sur un autre point ; mais il doit être fait mention au procès-verbal des motifs de cette mesure (2).

III. La liste du tirage du canton sera préparée, à l'avance, par les soins du préfet, et dressée en double expédition (3).

IV. Les numéros de tirage seront écrits ou imprimés sur des bulletins uniformes.

Le sous-préfet vérifiera les numéros, les mêlera et les rejettera dans l'urne (4).

V. Les communes du canton, seront appelées, pour le tirage, suivant l'ordre alphabétique de leurs noms ; et les jeunes gens de chaque commune, suivant l'ordre de leur

(1) I. M. 12 août 1818. 26.
(2) déc. 16 nov. 1818.
(3) I. M. 12 août 1818. 27.
(4) *Id.* 28.

inscription sur les tableaux de recensement (1).

VI. Au fur et à mesure que les jeunes gens seront appelés, ils tireront de l'urne un numéro.

Les parens des absens ou le maire de la commune tireront à leur place (2).

VII. A mesure que les bulletins seront sortis de l'urne, le sous-préfet inscrira sur la liste du tirage, en regard du numéro sorti, les nom, prénoms, etc., du jeune homme et de ses père et mère ; il inscrira le numéro sorti sur le tableau de recensement.

VIII. Dans aucun cas, l'opération du tirage ne pourra être recommencée ; et si, par erreur, le nombre des bulletins dans l'urne se trouvait inférieur à celui des jeunes gens de la classe, ceux des jeunes gens pour qui les bulletins auraient manqué, seraient renvoyés au tirage de la classe suivante (3).

Ce retard d'une année pour des jeunes gens auxquels on n'a aucune faute à reprocher, et il peut souvent leur causer de graves préjudices, devrait, en bonne justice, leur être compté. Mais inutilement demanderaient-ils que leur service ne fût pas prolongé par la faute des administrateurs : quelque fondées que soient leurs réclamations, il n'est aucune juridiction qui les puisse accueillir ; les con-

(1) *Id.* 29 et 30.
(2) *Id.* 30.
(3) *Id.* 32.

seils de révision, non plus que les tribunaux, ne peuvent, d'après la législation actuelle, en être saisis.

Ainsi encore, nous regrettons le silence de cette législation, pour les cas où l'on refuserait à un jeune homme de le porter sur la liste, soit que sur son acte de naissance il ait été inscrit par erreur comme appartenant à un autre sexe (l'exemple s'est présenté cette année, il a été signalé par la *Gazette des tribunaux*), soit par tout autre motif, est-il bien équitable, qu'après 2, 3, 4 ou 5 ans, ce jeune homme qui a fait tout ce qui était en lui pour payer sa dette à l'Etat, soit repris et ait encore à servir pendant huit années? Pourquoi faut-il qu'un réclamant, à titre si légitime, n'ait aucun tribunal qui puisse statuer entre lui et la puissance de fait du département de la guerre?

IX. S'il se trouve dans l'urne un excédant de bulletins, ces bulletins seront considérés comme échus à des hommes exemptés et remplacés dans le contingent. Si plusieurs bulletins, portant le même numéro, sont tirés de l'urne, les jeunes gens, porteurs de ces numéros, tireront entre eux, et seront inscrits sur la liste du tirage dans le rang que le sort leur aura assigné.

X. Si un jeune homme, n'ayant pas atteint l'âge voulu, a été admis à tirer un numéro, il sera renvoyé, suivant son âge, au tirage des années suivantes (1).

(1) Sol. 7 sept. 1818.

§ III. *Indication des motifs d'exemptions et de dispenses lors du tirage. — Publication de la liste du tirage.*

I. Lorsque tous les bulletins auront été tirés de l'urne, le sous-préfet appellera près de lui les jeunes gens de la classe, et dans l'ordre de leur inscription sur la liste de tirage. Il constatera leur identité en consultant les maires, et demandera à ces jeunes gens s'ils ont des motifs d'exemption ou de dispense à faire valoir. Il en fera mention ainsi que de ses observations (1).

II. Les mêmes questions seront adressées aux personnes qui représenteraient des jeunes gens (2).

III. Le sous-préfet indiquera aux jeunes gens qui auront allégué des motifs d'exemption ou de dispense les pièces qu'ils auront à produire au conseil de révision, pour prouver, conformément à l'article 13 de la loi, qu'ils sont dans l'un des cas d'exemption ou de dispense déterminés par cette loi.

Si, parmi ces jeunes gens, il en est qui soient déjà pourvus des pièces justificatives de leurs droits, il apposera son *visa* sur ces pièces, après en avoir reconnu la régularité (3).

(1) I. M. 12 août 1818. 34, 35 et 36.
(2) *Id.* 38.
(3) *Id.* 40.

IV. Si des jeunes gens réclament l'exemption, comme n'ayant pas la taille fixée par la loi, le sous-préfet, avant d'inscrire ses observations sur la liste du tirage, fera toiser les réclamans, lesquels, à cet effet, seront placés sur le marche-pied d'un double mètre poinçonné et étalonné, dont la traverse sera élevée à un mètre cinq cent soixante-dix millimètres (1).

V. *Le sous-préfet notera comme capables de servir*, tant sur la liste du tirage que sur le tableau de recensement :

1º. Tous les jeunes gens présens pour lesquels aucun motif d'exemption n'aura été articulé ;

2º Tous les jeunes gens absens qui se seront fait représenter, lorsqu'il n'aura été fait aucune observation pour réclamer leur réforme ou leur exemption ;

3º Tous les absens qui ne se seront pas fait représenter.

Le sous-préfet prendra, auprès des personnes présentes, toutes les informations propres à faire découvrir le lieu de la résidence de ces derniers (2).

VI. Le procès-verbal que le sous-préfet aura dressé de ces opérations dans chaque canton, sera signé par tous les maires ou adjoints présens de ce canton (5).

(1) *Id.* 37.
(2) *Id.* 39.
(3) *Id.* 41.

VII. L'affiche de la liste du tirage, placardée au chef-lieu du canton, comprendra tous les jeunes gens du canton.

L'affiche placardée dans chacune des autres communes du canton, comprendra seulement les jeunes gens de la commune.

L'une et l'autre relateront les annotations que le sous-préfet aura faites sur la minute de la liste relativement aux jeunes gens du canton ou de la commune. Ces annotations pourront être faites sommairement (1).

VIII. La liste du tirage destinée à être affichée au chef-lieu de canton, doit être dressée par les soins du sous-préfet, et être ensuite placardée à la diligence de ce fonctionnaire.

Quant aux extraits de la liste du tirage, pour les autres communes, ils doivent être dressés par les soins du sous-préfet, et placardés à la diligence des maires (2).

IX. Le sous-préfet adressera aux maires une expédition de la liste du tirage. Il gardera par devers lui, pour être présentée au conseil de révision, l'autre expédition de cette liste, à laquelle sera annexé le procès-verbal de ses opérations, ainsi qu'une expédition des tableaux de recensement.

Il remettra aux maires la seconde expédition des tableaux de recensement, après y avoir fait remplir les colonnes destinées à re-

____

(1) *Id.* 42, et sol. 18 nov. 1818.
(2) Circ. 11 juin 1819, 8° q., et 16 juillet 1819.

cevoir l'indication du résultat de ses opérations et du tirage (1).

X. Les maires doivent conserver la deuxième expédition du tableau de recensement qui leur est remise, ainsi que la liste du tirage, pour être à même de communiquer aux familles, dans le cours des opérations et après la levée, les renseignemens dont elles auront besoin sur la position des jeunes gens (2).

XI. Les conseils de révision *reviseront* les listes du tirage, ainsi qu'il est dit ci-après, tit. III, sect. II, § II, pag. 97.

XII. Les préfets, par l'intermédiaire des maires, feront convoquer devant le conseil de révision, le nombre de jeunes gens qu'il sera nécessaire d'examiner pour parvenir à l'entière formation du contingent.

Ils calculeront le nombre de manière que les exemptions et les dispenses qu'ils pourront avoir à prononcer, ne les mettent point dans la nécessité d'ordonner des convocations supplémentaires (3). Ils convoqueront tous les jeunes gens que leurs numéros de tirage rendent susceptibles de faire partie du contingent, soit qu'ils aient ou non fait des réclamations, afin que le conseil de révision puisse s'assurer si aucun motif ne s'oppose à ce qu'ils soient appelés au service. Il ne peut y avoir

(1) I. M. 12 août 1818. 43.
(2) Sol. 30 sept. 1818.
(3) I. M. 12 août 1818. 44.

d'exceptions à cette règle que pour quelques cas de dispense, et pour celui du défaut de taille, quand du reste il ne s'élève aucun doute sur les droits des réclamans (1).

XIII. Les jeunes gens qui devront comparaître devant le conseil de révision, seront convoqués par des ordres individuels ; ces ordres indiqueront les lieu, jour et heure de la comparution. Ils seront signifiés à domicile, et huit jours au moins à l'avance. Les sous-préfets chargeront les maires de cette signification.

XIV. Les jeunes gens convoqués qui auront à faire valoir des motifs d'exemption autres que des infirmités ou le défaut de taille, feront leurs diligences pour être munis de toutes les pièces justificatives de leurs droits, au jour où ils devront se présenter devant le conseil de révision.

Les ordres de convocation rappelleront les pièces que chacun aura à produire (2).

Avant d'examiner les motifs d'exemption et de dispenses dont nous traiterons au titre IV, nous nous occuperons de ce qui concerne le conseil de révision.

____

(1) Sol. 20 déc. 1818.
(2) I. M. 12 août 1818. 46.

TITRE TROISIÈME.

DES CONSEILS DE RÉVISION.

Observations préliminaires.

L'institution des conseils de révision est sage et nécessaire, mais elle devrait être entourée de plus de garanties qu'elle n'en a sous l'empire de la législation actuelle. Ainsi nous voyons que les décisions de ce tribunal, si l'on excepte quelques questions d'état, sont irrévocables et sans recours possible.

Cette unité de juridiction sur des matières souvent si délicates et toujours si graves, nous semble peu conforme aux sages principes de l'administration de la justice. Sur quel motif raisonnable en effet, alors qu'il s'agit d'intérêts si précieux, interdit-on tout recours à celui dont une erreur a pu compromettre l'état, nous avons presque dit l'existence tout entière, tandis que, pour des intérêts seulement pécuniaires, les juges familiers avec les principes qu'ils appliquent

7*

tous les jours, ne prononcent que rarement en dernier ressort ? Cette différence entre les conseils de révision et les tribunaux ordinaires, cette précipitation, cette souveraineté des premiers, peu habitués à l'interprétation si difficile des lois, comparées aux sages lenteurs des seconds et aux garanties que présentent plusieurs degrés à parcourir, ne nous permettent pas de douter qu'il n'y ait une lacune dans la loi, lacune qu'il était de notre devoir de signaler.

Toutefois, et sans insister davantage sur une amélioration pour laquelle nous ne pouvons que former des vœux, examinons quelle place occupent les conseils de révision dans l'ordre judiciaire. Créés par la loi, ils composent un tribunal, c'est dire assez qu'ils doivent être indépendans. Les membres sont juges ou plutôt jurés, et, (nous nous servons ici des expressions ministérielles) (1), ils ne doivent, pour décider, *consulter que leurs lumières, leurs consciences, l'intérêt de l'état et des familles.* Cette vérité de principe, reconnue par les ministres, a pu être démentie par eux-mêmes, lorsqu'ils dictaient des décisions souvent contraires à la loi, mais elle doit être toujours présente à la pensée des juges qui composent les conseils de révision ; aussi c'est avec un profond étonnement que nous avons entendu le président du conseil de révision

(1) C. M. 14 août 1818. *Voy.* ci-après pag. 90, n° 4.

de Paris répondre à la réclamation faite par un citoyen, qu'*un article du Manuel* OBLIGEAIT *les conseils à prononcer contre lui* (1). Et ce Manuel est l'œuvre du ministre, le recueil de ses circulaires. Non, rien n'est obligatoire pour un tribunal que la justice et la loi. Ces circulaires par lesquelles les ministres, se créant législateurs, imposent avec une inconvenante et arbitraire autorité, leurs opinions aux conseils de révision, doivent être rejetées et regardées comme de simples avis sans force légale et sans sanction. Qu'on les examine, si l'on veut, qu'en certains cas on y cherche des éclaircissemens sur la question ; si elles sont justes, qu'on les accepte, non parce qu'un ministre les a dictées, mais parce qu'elles sont l'expression de la loi ! En agissant autrement, les membres des conseils, instrumens des caprices et des exigeances du pouvoir, renonceraient au noble caractère de juges, répudieraient leur indépendance et mentiraient à leurs devoirs. Et pour terminer par un seul mot, nous leur dirons avec M. de Bonald d'autrefois, que pour eux comme pour tous les juges, « *la raison est la* « *première des autorités, et l'autorité la der-* « *nière des raisons.* »

___

(1) *Gazette des Tribunaux* du 21 sept. 1828.

CONSEIL DE RÉVISION.

Ce titre comprend la composition du conseil de révision, la tenue des séances, ses décisions, la forme de ces décisions et leur caractère, le recours aux tribunaux dans certains cas et les conflits.

SECTION PREMIÈRE.

§1er. — *Composition du conseil de révision.*

I. Le conseil de révision *se compose*, sous la présidence du préfet, d'un conseiller de préfecture, d'un membre du conseil général du département, d'un membre de celui d'arrondissement, et d'un officier général ou supérieur désigné par le roi (1).

II. *Les préfets désigneront* chaque année, parmi les conseillers de préfecture et les membres des conseils généraux et d'arrondissement, ceux qui feront partie du conseil de révision (2). *Ils choisiront de préférence* les fonctionnaires qui résident dans l'étendue de la sous-préfecture où le conseil de révision doit opérer (3). Les conseillers de préfecture

(1) Art. 1er de la loi de 1818; §1er.
(2) Ordonnance du roi du 23 sept. 1828.
(3) C. M. 28 oct. 1818 et 10 mai 1819.

qui, désignés par le préfet, ont fait les opérations du tirage, peuvent exercer les fonctions de membres du conseil et de rapporteur dans la même levée (1).

III. Les membres du conseil (de révision, en cas d'empêchement légitime, *seront remplacés*, savoir :

MEMBRES CIVILS.

Le préfet, par un conseiller de préfecture, ou bien par le secrétaire général, lorsque les fonctions préfectorales auront été déléguées à ce dernier, ou par le fonctionnaire public appelé à le remplacer (2).

Ce fonctionnaire civil chargé de suppléer le préfet doit être désigné *ad hoc ;* ainsi, dans le cas où le président suppléant est conseiller de préfecture, deux conseillers de préfecture assisteront au conseil (3).

Le préfet a encore la faculté de désigner, pour la présidence, un second membre du conseil général (4); et il peut, s'il est empêché, pendant la tournée ou la séance, se faire remplacer provisoirement par le conseiller de préfecture qui siége au conseil (5).

(1) Sol. 7 nov. 1818.
(2) I. M. 12 août 1818. 47 et 49.
(3) C. M. 3 oct. 1818.
(4) *Id.*
(5) Sol. 29 nov. 1818.

Le préfet peut présider, encore qu'il s'agisse d'examiner les jeunes gens du canton où cet administrateur a présidé au tirage (1).

Les autres membres non militaires *doivent être remplacés* par des administrateurs du même ordre que le préfet désignera selon les instructions qu'il aura reçues du ministre de l'intérieur (2).

Les préfets doivent s'adresser au ministre de l'intérieur pour toutes les questions relatives aux membres civils du conseil de révision (3)

MEMBRES MILITAIRES.

Les maréchaux-de-camp commandant les subdivisions militaires *sont membres* du conseil de révision dans le département de leur résidence ; dans les départemens où les maréchaux-de-camp ne résident pas, ils sont remplacés par des colonels en non activité (4).

Les fonctions ainsi déléguées aux colonels sont spéciales : ils ne peuvent exercer celles relatives au commandement du département : comme membres du conseil, et, en ce qui concerne les délibérations, ils ne doivent aucune reddition de compte aux officiers géné-

(1) C. M. 30 mai 1820. 2ᵉ q.
(2) I. M. 12 août 1818. 47, et C. M. 12 avril 1821.
(3) Sol. 10 oct. 1818.
(4) Ord. R. 31 mars 1820.

raux commandant sur les lieux. Ceux-ci cependant, dans le cas où ils suppléeraient les inspecteurs d'armes, peuvent demander et les colonels délégués doivent leur fournir tous les renseignemens convenables sur la composition du contingent et l'aptitude au service des hommes qui en font partie (1).

L'officier général commandant la division doit indiquer, avant qu'il y ait empêchement des membres du conseil, ceux qui les remplaceront, et ne choisir parmi les officiers généraux ou supérieurs en retraite qu'à défaut d'officiers de même grade en activité de service (2).

Il doit en outre, quinze jours au moins avant celui fixé pour l'ouverture des opérations des conseils de révision, envoyer aux préfets des départemens de la division la liste des officiers généraux ou supérieurs présens sur les lieux, qui, à défaut les uns des autres, devront siéger au conseil de révision de ce département (3).

Si une circonstance empêche le membre militaire de siéger, le conseil de révision doit attendre qu'il soit remplacé, pour continuer ses opérations (4).

IV. *L'intendant*, ou le *sous-intendant* mi-

(1) Sol. 20 nov. 1820, et 26 mai 1821.
(2) C. M. 4 mai 1819, et 6 avril 1821, déc. 27 mai 1820.
(3) Déc. 27 mai 1820.
(4) C. M. 11 juin 1819. 9ᵉ q.

litaire dans le département *assisteront au conseil* de révision (1). *L'intendant désignera* le sous-intendant militaire qui, à leur défaut, assistera au conseil ; enfin, à défaut de sous-intendans, il désignera un des adjoints de l'intendance ; s'il y a plusieurs sous-intendans, le choix devra tomber sur celui qui est plus particulièrement attaché au travail de l'inspection des troupes (2).

L'intendant militaire ou ceux qui le suppléent n'ont que voix délibérative (3).

V. *Le préfet désignera* à l'avance *plusieurs médecins ou chirurgiens ;* il choisira de préférence ceux attachés aux hôpitaux militaires ou aux hôpitaux civils. Les officiers de santé attachés à l'armée, pouvant juger plus pertinemment de l'aptitude des hommes propres au service militaire, les préfets doivent les préférer. C'est aux intendans militaires à faciliter ce choix par la liste des officiers de santé en activité de service, et aptes à ces opérations ; ils doivent, à cet égard, se concerter avec les chefs de corps ou les commandans de département (4).

Les préfets peuvent amener, du chef-lieu du département, un officier de santé pour l'adjoindre à ceux qui se trouvent sur le lieu

(1) I. M. 12 août 1818. 46.
(2) C. M. 14 août 1818.
(3) C M. 20 oct. 1818.
(4) C. M. 4 mai et 5 juillet 1819.

où doit opérer le conseil de révision (1). Ils ne doivent amener des médecins, spécialement attachés à l'ordre civil, qu'après s'être assurés du manque de sujets capables dans les lieux où le conseil de révision devra se rendre (2).

A l'ouverture de chaque séance, le sort indiquera ceux qui, dans le nombre désigné, devront assister à la séance, et donner, lorsqu'ils en seront requis, leur avis sur les infirmités des jeunes gens dont le conseil ordonne la visite (3).

VI. Il est nécessaire que *le capitaine de recrutement assiste* aux séances tenues au chef-lieu du département par le conseil de révision.

Si le conseil juge nécessaire que le capitaine de recrutement l'accompagne pour prendre, dans les tournées de cantons ou d'arrondissemens, les signalemens des jeunes gens, et seconder les opérations du toisage, il en délibérera. Le préfet notifiera au capitaine la décision du conseil. Le capitaine pourra emmener avec lui un sous-officier du dépôt de recrutement (4).

(1) Sol. 23 déc. 1818.
(2) C. M. 22 déc. 1818.
(3) I. M. 12 août 1818. 57.
(4) C. M. 22 juin 1821, et 24 juin 1822.

§ II. — *Tenue des séances et procès-verbaux.*

I. *Les séances* du conseil de révision *sont essentiellement publiques*, surtout lorsqu'il s'agit de prononcer sur les opérations des maires et des sous-préfets, et sur le sort des jeunes gens de la classe.

Les séances du conseil de révision ne seraient point réputées publiques, si l'accès n'en était pas libre à toutes les familles (1).

II. Les membres des conseils de révision, et les fonctionnaires qui assistent aux séances, doivent être revêtus du costume et des signes extérieurs distinctifs de leur pouvoir et de leurs fonctions publiques (2).

III. Les sous-préfets ou les fonctionnaires, par lesquels ils auront été suppléés, devront assister aux séances que le conseil tiendra dans l'étendue de leur arrondissement ; ils y rempliront les fonctions de rapporteur, lorsqu'il y aura matière à discussion (3).

IV. *Les fonctions de rapporteur*, pour l'arrondissement du chef-lieu de département, *seront déférées*, par le préfet, *à un conseiller de préfecture*, lors même qu'il aurait présidé de sa personne à l'examen des ta-

(1) C. M. 21 oct. 1818. 11ᵉ q.
(2) C. M. 19 avril 1821.
(3) I. M. 12 août 1818. 54.

bleaux et au tirage de cet arrondissement (1).

V. *Les maires seront présens* aux séances du conseil pendant le temps qu'on procédéra à l'examen des jeunes gens de leur commune (2).

VI. *Les sous-préfets* et *les maires pourront être remplacés* par les moyens indiqués au paragraphe précédent, n° 1, lorsque leur présence est nécessaire au tirage. *Ils sont chargés* de représenter les intérêts des jeunes gens appelés; ceux-ci ont le droit d'être entendus (3).

Mais *peuvent-ils se faire assister d'un conseil?*

Les séances des conseils de révision sont essentiellement publiques, a-t-on dit; des intérêts graves s'y agitent; et la défense est de droit commun. Il n'en faut pas davantage pour consacrer le droit qu'a chaque intéressé de recourir aux lumières et au patronage d'hommes éclairés, et de se faire assister d'un conseil. Les préfets et sous-préfets, dira-t-on, sont chargés de veiller à leurs intérêts; c'est déjà quelque chose sans doute, mais ce mandat est trop général, pour offrir une garantie suffisante à chacun : des haines, des affections particulières, peuvent tantôt ralentir, tantôt exagérer leur zèle; et d'ailleurs les parties, pouvant s'expliquer elles-mêmes, ont le droit de choisir celui qui présentera

(1) C. M. 30 mai 1820. 2ᵉ q.
(2) I. M. 12 août 1818. 55.
(3) C. M. 14 août 1818. 1ʳᵉ q.

leurs explications. Ce n'est donc pas *par pure courtoisie*, comme le disait à M⁰ Joffrès le président du conseil de révision du département de la Seine (1), que les conseils de révision doivent accueillir les observations des conseils des parties, mais bien par respect pour le droit sacré de la défense. Ces principes doivent, ce nous semble, être d'autant mieux reconnus que, peu familiers avec les difficultés sérieuses qui se présentent ordinairement, les membres des conseils de révision devraient, nous ne disons pas seulement admettre, mais provoquer la présence d'hommes, dont les études spéciales peuvent, en jetant de nouveaux jours sur la discussion, préparer des décisions conformes à l'équité et à la loi.

VII. *L'intendant ou le sous-intendant* militaire *seront entendus* dans tout ce qui intéresse le département de la guerre qu'ils représentent, et dont ils doivent prendre les intérêts pour l'exécution des lois du recrutement, et spécialement pour la bonne formation du contingent (2).

VIII. Le président du conseil requerra un officier de gendarmerie, et le nombre des gendarmes qu'il jugera nécessaires *pour le maintien du bon ordre* pendant la durée des séances (3).

(1) *Voy*. la Gazette des tribunaux du 21 sept. 1828.
(2) I. M. 12 août 1818. 56. et C. M. 14 août 1818.
(3) I. M. 12 août 1818. 58

IX. *Il sera tenu procès-verbal des séances du conseil de révision : ce procès-verbal indiquera* nominativement les membres présens à la séance, ainsi que les délibérations qui auront été prises (1). Ces procès-verbaux doivent être inscrits sur des registres cotés et paraphés par le préfet et signés par les membres du conseil présens à la séance (2).

Les intendans ou sous-intendans dont les fonctions peuvent être assimilées à celles des organes du ministère public près les tribunaux n'ont pas de signature à opposer aux procès-verbaux; mais mention doit être faite de leur présence (3).

Les observations de ces fonctionnaires publics, tendant au rejet des hommes non susceptibles de faire un bon service, seront, si on le demande, consignées au procès-verbal; à cet effet, ils les déposeront sur le bureau comme pièces à l'appui, et pour que l'on puisse en justifier au besoin (4).

Lorsque le tirage au sort des officiers de santé n'a pu être exécuté, le procès-verbal doit en faire mention (5).

(1) I. M. 12 août 1818. 50.
(2) C. M. 11 juin 19. 10ᵉ q.
(3) *Id.* 11ᵉ q.
(4) I. M. 12 août 1818. 72, et déc. du 25 oct. 1822.
(5) Sol. 19 juillet 1819.

§ III. — *Décisions du conseil de révision.
— Leur caractère. — Compétence des
tribunaux.*

I. *Aucune décision du conseil de révision ne
sera valable*, si quatre membres, au moins,
n'y ont concouru, et si elle n'a passé à la majorité de trois voix (1).

Pour former cette décision, les voix doivent
être recueillies, en commençant par les membres du rang le moins élevé, et en remontant
dans cet ordre jusqu'au président, qui opinera
le dernier (2).

II. *Aucune délibération ne peut avoir lieu
en l'absence* de l'officier supérieur, membre
du conseil; l'opposition à une décision quelconque par un membre du conseil ne peut
être mentionnée, sur sa demande, au procès-
verbal, que du consentement de la majorité
des membres (3).

IV. Les membres du conseil *doivent chercher les élémens de leurs décisions dans
leurs propres lumières, dans leur conscience
et dans leur sollicitude pour le bien du service
de l'État et pour l'intérêt des familles.* Ils
ne peuvent suspendre leurs jugemens sous le
prétexte du silence de la loi (4).

(1) I. M. 12 août 1818. 51.
(2) Sol. 29 sept. 1822.
(3) Sol. 9 mars 1820, et 8 juin 1821.
(4) C. M. 14 août 1818.

Ils sont seuls juges de la sincérité des certificats et des documens authentiques fournis par les jeunes gens (1).

V. *Le droit de réclamation s'exerce jusqu'à la clôture* des listes départementales du contingent; le conseil peut jusque-là revenir sur ses décisions, sans cependant qu'il puisse laisser des vides dans le contingent, ou y faire rentrer des numéros libérés (2).

VI. Jusqu'à la clôture des listes départementales, le conseil doit examiner les réclamations, quoique tardives; cet examen doit être rigoureux, si le retard n'est justifié. C'est aux préfets, par les avis qu'ils publient, d'engager les jeunes gens à présenter leurs réclamations lors du tirage, ou du moins lors des tournées du conseil de révision (3).

VII. *Caractère des décisions.* — L'art. 13 de la loi dit : « Hors le cas prévu par l'art. 16, « les décisions du conseil de révision seront « définitives. »

A partir du jour de la clôture des listes, les décisions du conseil de révision sont définitives; il ne peut plus y revenir sur quelque prétexte que ce soit (4), à moins que les jeunes gens cessent d'être dans un des cas de dispense déterminés par la loi (5).

(1) *Id.*
(2) C. M. du 30 mai 1820. 1re q.
(3) C. M. du 11 juin 1819. 31. q.
(4) *Id.*
(5) Sol. 11 juin 1819.

VIII. *De leur exécution.* — Ces décisions recevront immédiatement leur pleine et entière exécution, sauf les cas où l'admission ou le rejet dépendra de la décision à intervenir sur des questions judiciaires relatives à l'État ou aux droits civils des jeunes gens (1). (*Voy.* la loi de 1818.)

IX. Les conseils de révision ne peuvent, après la clôture définitive de la liste du contingent, réformer, dans les cas ordinaires des requêtes civiles, les décisions qu'ils ont rendues en vertu de la loi du 10 mars 1818.

Si, postérieurement à cette clôture, les tribunaux décidaient qu'un jeune soldat a été indûment appelé ou immatriculé, ces décisions ne peuvent donner lieu qu'à une demande adressée au ministre de la guerre en radiation sur les registres matricules de l'armée ; cette demande ne peut en aucun cas être déférée aux conseils de révision (2).

X. Toutes décisions des conseils de révision seront annotées sur les deux expéditions de la liste du tirage (3).

XI. *Les décisions ne seront pas définitives, et leur exécution sera suspendue dans le cas suivant :*

« Lorsque les jeunes gens désignés par leur

----

(1) I. M. 12 août 1818. 62.

(2) Avis du Conseil d'État, rappelé par circul. du 19 sept. 1823.

(3) I. M. 12 août 1818. 53.

numéro pour faire partie du contingent cantonal, auront fait des réclamations, dont l'admission ou le rejet dépendra de la décision à intervenir sur des questions judiciaires relatives à leur état ou à leurs droits civils; dans ce cas, les jeunes gens désignés par leur numéro pour suppléer lesdits réclamans seront appelés si, par l'effet des décisions judiciaires, ces réclamans viennent à être libres.

Ces questions seront jugées contradictoirement avec le préfet, à la requête de la partie la plus diligente. Les tribunaux statueront sans délai, le ministère public entendu, sauf l'appel (article 16 de la loi).

Les questions relatives *à l'État* ou *aux droits civils* des appelés, ou *à leur âge*, seront seules soumises aux tribunaux compétens pour ces questions: mais ils ne peuvent connaître des réclamations relatives à la formation des listes et à la libération. Si des questions de cette nature leur étaient déférées, ils devraient se déclarer incompétens, sur la réquisition du ministère public, ou ceux-ci devraient élever le conflit (1).

XII. *L'examen et la solution de ces questions* ne sont point *enlevés* pour cela *aux conseils de révision*; ils peuvent, avant la clôture de la liste départementale, prendre une décision définitive, si les appelés présen-

____

(1) C. M. des 7 et 19 juillet 1819.

tent sur leur état des preuves suffisantes : si même des enquêtes administratives leur paraissaient utiles, ils pourraient y recourir et se conformer aux règles indiquées pour celles à faire par les maires. (*Voy*. pag. 55, n° 5) (1).

XIII. *Diverses règles sont indiquées sur la compétence des tribunaux*. Le pourvoi devant les tribunaux doit, autant que possible, être formé avant le jour fixé pour la clôture. Aussitôt que le préfet a connaissance d'une question judiciaire élevée par un jeune homme de la classe, il doit, s'il juge qu'il y ait lieu à contestation, le faire assigner devant les tribunaux (2).

XIV. *Le tribunal compétent est* le tribunal de première instance du domicile de l'appelé (3).

Le préfet, défenseur naturel des intérêts de l'administration, doit défendre aux réclamations des jeunes gens qui élèvent des questions snr leur état ou leurs droits civils ; il doit être reçu à faire ses défenses par simple mémoire qu'il adresse au procureur du roi, et sans ministère d'avoué (4).

XV. Les procnreurs-généraux sont chargés de veiller à ce que les causes soient jugées promptement comme urgentes et sommaires, soit en première instance, soit en appel.

(1) C. .. 19 juillet 1819.
(2) *Id*.
(3) C, M. 7 juillet 1819.
(4) C. M. 19 et 7 juillet 1819.

XVI. Les motifs des jugemens seront concis à l'exemple de ce qui est établi pour les causes qui intéressent le gouvernement ; les parties pourront même se faire délivrer des extraits de ces jugemens ; et, s'il y a lieu d'enquête, elles seront mises en minute sous les yeux des juges (1).

XVII. *Les appels* seront portés à l'audience sur simple acte, et sans autre procédure. Les préfets doivent appeler, si les jugemens leur paraissent défectueux ou contraires aux intérêts du département de la guerre (2).

XVIII. Les dépens, qui ne consisteront guère qu'en simples déboursés, seront supportés par la partie qui succombera (3).

XIX. Le pouvoir des tribunaux ne s'étend pas jusqu'à prononcer la libération ; c'est à l'administration qu'il appartient de faire application des jugemens rendus (4).

XX. Il est du devoir des préfets, si les tribunaux s'immisçaient dans l'examen de faits étrangers à leur compétence, d'élever *le conflit* (5).

XXI. Si, hors les cas de recours aux tribunaux, des jeunes gens ont des demandes à faire à l'autorité supérieure par suite des décisions qui ont été prises à leur égard, ils

(1) C. M. 7 juillet 1819.
(2) Déc. 20 mai 1818.
(3) C. M. 7 juillet 1819.
(4) C. M. 19 juillet 1819.
(5) *Id.*

doivent présenter ces demandes au conseil de révision, qui les transmet, avec son avis particulier, au ministre de la guerre (1).

SECTION II. — OPÉRATIONS DU CONSEIL DE RÉVISION.

§ I. *De ses tournées.*

I. « Le conseil de révision se transportera dans les chef-lieux d'arrondissement ou de canton, suivant les localités » (art. 13 de la loi de 1818).

Les préfets régleront à l'avance l'itinéraire ; extrait en sera transmis à temps aux sous-préfets, pour que les jeunes gens puissent être convoqués (2).

II. Cet itinéraire sera réglé de manière que le temps nécessaire pour chaque opération soit combiné avec celui qui aura été fixé pour toute la levée ; on aura soin d'éviter aux jeunes gens de la classe et à leurs familles des déplacemens coûteux, en se transportant autant que possible dans les chefs-lieux de cantons éloignés, et d'éviter les rassemblemens trop nombreux aux chefs-lieux d'arrondissement, sans multiplier pourtant au-delà d'une juste nécessité les séances du conseil de révision (3).

(1) C. M. 4 mars 1820.
(2) I. M. 12 août 1818. 60.
(3) *Id.* 59, et C 'M. 14 août 1818.

III. Lorsque le conseil aura terminé sa tournée, il continuera sa session au chef-lieu du département jusqu'au jour fixé pour la clôture de ses opérations (1).

§ II. — *Révision des tableaux de recensement et de la liste du tirage.*

I. *Le conseil* de révision, réuni en séance publique, le jour et au lieu indiqués par son itinéraire, *se fera représenter*, pour le canton dont il aura à examiner les jeunes gens,

1°. Le procès-verbal que le sous-préfet aura dressé de ses opérations, conformément au dernier paragraphe de l'art. 12 de la loi ;

2°. Les tableaux de recensement, ainsi que la liste de tirage du canton ;

3°. Tous les documens transmis, soit d'office, soit d'après les ordres du préfet, sur les jeunes gens absens, et sur ceux omis, dont l'existence aurait été reconnue depuis le tirage (2).

II. Le conseil vérifiera si tous ceux qui doivent être portés sur les tableaux et listes y ont été inscrits ; il se fera donner des explications par les sous-préfets et par les maires, et recueillera les observations que pourraient

(1) Déc. 3 octobre 1818.
(2) I. M. 12 août 1818, 61,

lui faire les jeunes gens convoqués, ainsi que les parens de ces jeunes gens (1).

III. *En cas d'omission constatée de quelques jeunes gens*, le conseil en fera mention au procès-verbal de la séance, afin de s'assurer que ces jeunes gens ne seront pas omis sur les tableaux de la classe suivante (2).

IV. Le conseil entendra ensuite les jeunes gens qui auraient à réclamer contre leur inscription sur les tableaux de recensement ou contre les opérations du sous-préfet.*Il prononcera sur ces réclamations* (3).

Il donnera une attention particulière aux réclamations qui se liant à des questions d'E-tat, seraient de nature à être en définitive portées devant les tribunaux, aux termes des art. 15 et 16 de la loi de 1818 (4).

V. Il *vérifiera*, dans son travail, si l'existence des jeunes gens inscrits aux tableaux de recensement est notoire, *et il fera rayer* tous ceux qui y auraient été indûment portés. (Voy. ceux qui doivent ou non y être portés, tit. II, sect. I, § II, pag. 54 et suiv.)

VI. Tout jeune homme qui n'appartient pas à la classe par son âge, doit, s'il n'a pas été inscrit comme omis des classes précédentes, être rayé des tableaux de recensement, quelque soit son numéro de tirage,

(1) *Id.* 62.
(2) *Id.* 63.
(3) *Id.* 64.
(4) Lettre minist. du 14 déc. 1821.

et soit qu'il ait ou non formé des réclamations (1).

§ III. — *Examen des exemptions et dispenses.*

I. Les jeunes gens seront convoqués devant le conseil, ainsi qu'il a été dit pag. 75;
et il sera procédé à l'examen des exemptions
et dispenses de la manière indiquée au titre
suivant.

TITRE QUATRIÈME.

DES EXEMPTIONS ET DES DISPENSES.

Observations préliminaires.

Ce titre est l'un des plus importans que
nous ayons à traiter, et il touche de trop près
à l'état des citoyens pour que nous n'y portions pas toute notre attention.

(1) Déc. 23 juillet, et 18 août 1819.

Les dispositions de la loi, en ce qui concerne les exemptions et les dispenses, laissent beaucoup à désirer : ses énumérations sont vagues et incomplètes, et, sur un grand nombre de points, elle a besoin d'être interprétée. Cette nécessité trop fréquente d'interprétation est un vice ; car l'interprétation est changeante, souvent capricieuse, partiale, et la loi, dans ses applications, doit être stable et uniforme. Le vice que nous signalons est dangereux, surtout quand les juges, chargés d'interpréter, décident souverainement et sans recours possible. Mais du moins alors, il faut que le juge soit libre, et que sa conscience soit une garantie du pouvoir exorbitant qui lui est confié. Ainsi, nous l'avons déjà dit, les conseils de révision, véritables tribunaux, ne peuvent prononcer sur le sort des citoyens que sous la condition nécessaire de leur indépendance : principe tutélaire que l'autorité ne pouvait méconnaître, et qui n'avait pas besoin d'une sanction ministérielle (1) pour conserver sa force et sa vérité. Mais l'administration n'abandonne pas facilement ce qu'elle appelle ses droits, (d'autres matières que celle-ci, et plus importantes encore nous en offrent l'exemple), et dès qu'elle se croit mise en cause, elle se hâte d'intervenir et de se constituer juge.

Ainsi, dès que la loi paraît obscure, dès

____

(1) *Voy.* la Circul. min. citée, p. 90, nº 4.

qu'une espèce vaguement définie se présente
aux Conseils, aussitôt une circulaire ministérielle dicte la décision. Si du moins ces solutions étaient toujours conformes à l'esprit de
la loi, à l'équité, tout en regrettant l'indépendance des juges, nous nous plaindrions
moins d'un empiétement de pouvoir dont le
seul but serait l'exécution de la loi ; et nous
serions moins portés à demander compte au
ministre du droit qu'il s'arroge d'imposer ses
opinions aux conseils de révision, et de juger
ainsi par voie réglementaire ; pouvoir interdit aux tribunaux eux-mêmes (1).

Mais, on le verra tout à l'heure, c'est souvent contre la loi elle-même que s'élèvent ces
interprétations ministérielles. Nous les examinerons avec soin, et prêts à les approuver
quand elles nous paraîtront justes, nous es-
sayerons de les combattre, le plus brièvement
possible, toutes les fois que la loi sera violée
et son esprit méconnu.

Nous le répétons, cette matière est celle que
les conseils doivent le plus méditer. Leurs décisions peuvent avoir les conséquences les plus
graves : ils doivent prononcer l'exemption
dans tous les cas où la loi, où son interprétation raisonnable le commande ; mais aussi
ils ne doivent l'accorder qu'après un examen
sévère : qu'ils se gardent bien de coupables
complaisances, car les conséquences d'une

(1) Code civil, art. 5.

9*

exemption retombent sur un autre citoyen ;
et s'il y a toujours injustice dans le privilége,
dans ce cas, il y aurait aussi cruauté.

SECTION PREMIÈRE — DISPOSITIONS GÉNÉRALES.

§ I. — *Différences.*

I. *L'exemption* et *la dispense* ont ce résultat commun, que ceux auxquels l'une ou l'autre s'appliquent, demeurent libérés du service auquel ils sont assujettis par l'appel de leur classe.

II. Mais il y a une différence remarquable, relativement aux conséquences que l'une ou l'autre peut avoir sur la formation du contingent, et sur le sort des jeunes gens non exemptés ni dispensés, qui font partie de la classe appelée.

« Seront *exemptés*, dit l'art. 15, *considé-*
« *rés comme ayant satisfait à l'appel, et*
« *comptés numériquement en déduction du*
« *contingent*, ceux qui, etc... »

Ainsi, dans le premier cas, quelque soit le nombre des jeunes gens exemptés, le contingent n'en doit pas moins être complet, et les exemptés sont remplacés par ceux qui, d'après leurs numéros, eussent été libérés, s'il n'y avait eu aucune exception.

Dans le second cas, au contraire, *quel que soit le nombre des dispensés, le contingen est réputé complet*, sans qu'il soit besoin d'appeler d'autres numéros en remplacement des dispensés. Ceux-ci n'étant libres du service militaire qu'en considération d'un autre service personnel, et par lequel ils paient leur dette envers la patrie; ils sont considérés comme étant sous les drapeaux.

III. *L'exemption* est de sa nature *définitive et absolue :* en conséquence, les hommes exemptés ne sont, en aucun cas, susceptibles d'être repris pour le service militaire (1).

La dispense au contraire, en certains cas, *absolue et définitive*, est, dans d'autres, conditionnelle, et soumise à l'accomplissement de la condition de laquelle elle dépend. (Voy. Sect. 3ᵉ, § I.

§ II. *Ordre et forme de l'examen.*

I. *Les jeunes gens appelés* devant le conseil *seront examinés* dans l'ordre de leur inscription sur la liste du tirage. Dans le cours de l'examen, le conseil de révision fera prendre le signalement de tous ceux qui devront être portés sur la liste du contingent. Celui que le conseil aura chargé de prendre ce signalement recueillera, près des maires et autres personnes présentes, tous les renseignemens nécessaires, pour indiquer la taille et établir le signalement aussi exact que pos-

____

(1) Sol. 27 nov. 1818.

sible des jeunes gens qui ne se seraient pas présentés devant le conseil (1).

II. *Il ne sera procédé à la visite* des jeunes gens convoqués devant le conseil de révision, *qu'après que* le conseil aura reconnu qu'ils n'ont pas droit à la dispense ou à l'exemption pour les motifs spécifiés dans les § 3, 4, 5 et 6 de l'art. 14 de la loi de 1818. (Voy. pag. 1re et suiv.) (2).

Cependant si un jeune homme, *se trouvant avoir tout à la fois des droits à l'exemption et à la dispense*, indiquait celui de ces droits qu'il veut faire valoir de préférence, il doit être accueilli dans sa demande et visité en conséquence, s'il demande l'exemption pour infirmités. En acquiesçant à cette demande, le conseil ne s'expose pas à frustrer du bénéfice de la loi un autre membre de la même famille, attendu que l'exemption d'un jeune homme, pour cause d'infirmités, n'entre pas dans les déductions qui doivent être faites en vertu du dernier paragraphe de l'art. 14 de la loi (3).

Sa demande sera également accueillie, si, ayant droit à l'exemption, pour défaut de taille et pour infirmités, il tient à être exempté pour le second de ces deux motifs (4).

IV. *Hors ces cas, le conseil de révision doit examiner d'abord* les droits que les jeunes

(1) Inst. M. 12 août 1818. Art. 65, 66, 67, 70.
(2) *Id.* Art. 71.
(3) Circ. M. 11 juin 1819. 33e q.
(4) Sol. 5 fév. 1825.

gens peuvent avoir à la dispense ou à l'exemption pour toute autre cause que pour infirmités : s'ils n'ont que cette dernière cause d'exemption, il doit être procédé à leur visite (1).

V. *Dans le cas de substitution de personnes*, c'est-à-dire, si un homme s'est présenté pour un autre, et lui a indûment fait obtenir l'exemption, ce dernier doit être réintégré dans le contingent, s'il est bon pour le service, et le dernier numéro appelé, par suite de son exemption, doit être libéré (2), sauf les peines de droit contre les auteurs et complices de la substitution,

SECTION II. — DISPOSITIONS PARTICULIÈRES AUX EXEMPTIONS.

§ I. —*Nature des exemptions*.

Nous indiquerons dans un paragraphe séparé chacun des cas d'exemptions énumérés dans l'art. 14 de la loi, et nous examinerons attentivement les interprétations ministérielles données à cet article.

§ II. — *Défaut de taille et infirmités. — Mutilations*.

I. Les conseils de révision déclareront

(1) Circ. 30 mai 1820. 4ᵉ q.
(2) Sol. 20 mai 1819.

exempts du service militaire tous les jeunes gens qui n'auront pas la *taille d'un mètre cinquante-sept centimètres* (4 pieds 10 pouces, ancienne mesure). (art. 14 de la loi de 1818.) Le toisage aura lieu ainsi qu'il a été dit pag. 73, n.° 4.

II. Ils déclareront également exempts ceux que leurs *infirmités* rendent impropres au service (art. 14 de la loi).

Sous l'ancienne législation (lois sur la conscription), il a été dressé un tableau renfermant les *divers cas d'infirmités* susceptibles d'entraîner l'exemption : ce tableau n'a plus rien d'obligatoire aujourd'hui. Les conseils de révision ont, à cet égard, un pouvoir discrétionnaire : tout homme doit être exempté dès qu'il ne paraît pas, par quelque cause que ce soit, susceptible de supporter les fatigues de la guerre (1).

III. *Les conseils de révision ne peuvent ajourner à la classe suivante* les jeunes gens trop faibles, pour être mis en activité sur-le-champ ; leur libération définitive doit être prononcée (2).

IV. *Le conseil de révision constatera les infirmités* que pourraient avoir les jeunes gens, après les avoir fait visiter par un officier de santé, aux avis duquel ils ne seront cependant pas tenus de se conformer (3).

(1) Sol. 17 juin 1819.
(2) Circ. 21 déc. 1818.
(3) Sol. 20 janv. 1819.

Les jeunes gens seront visités à huis-clos, si le conseil le juge convenable ; mais l'avis de l'officier de santé sera toujours lu en public (1).

V. *Lors même que les jeunes gens visités ne demanderaient pas l'exemption pour cause d'infirmités*, l'intendant ou le sous-intendant militaire doit toujours demander le rejet de ceux qui ne lui paraîtraient pas susceptibles de faire un bon service : ses observations, à cet égard, seront consignées au procès-verbal, s'il en fait la demande (2).

VI. Toutes les fois qu'un conseil de révision aura à prononcer sur *un homme mutilé*, il prendra les mesures convenables pour avoir des renseignemens positifs sur les causes et les circonstances de la mutilation ; et, dans le cas où il résulterait, des informations obtenues, qu'elle a été faite volontairement et dans l'intention de se soustraire au service militaire, l'homme mutilé sera compris dans le contingent, si son numéro l'y place, et mis à la disposition de l'autorité militaire pour être employé, s'il est possible, dans les équipages ou dans tout autre service spécial. Il sera fait, sur la liste départementale, annotation des causes de la mutilation (2).

____

(1) Inst. min. 12 août 1818. Art. 70.
(2) *Id.* Art. 72.

§ III *Aîné d'orphelins de père et de mère. — Pièces à fournir.*

« Sera exempté l'aîné d'orphelins de « père et de mère. » (Art. 14 de la loi.)

Interprétations ministérielles.

I. Lorsqu'une famille d'un même père se trouvera composée d'enfans issus de mères différentes, l'aîné du premier lit pourra seul être exempté comme chef de la famille (1).

Observations. La loi a voulu qu'à défaut de père et mère, chaque famille eût un soutien dans l'aîné des fils ; or, dans le cas spécifié, il y a réellement deux familles d'orphelins ; chacune d'elles a besoin d'un protecteur qui soit de son propre sang, et qu'elle ne peut prendre dans une autre famille, dont les intérêts et les affections sont trop souvent différentes. La solution précédente nous semble donc injuste ; elle crée une exception qui n'est pas dans la loi, et qui est contraire au principe de prévoyance et d'humanité qui l'a guidée. D'ailleurs, contre cette décision qui se trouve dans l'art. 78 de l'inst. min. du 12 août 1818, nous invoquons l'art. 77 de cette même instruction (*Voy.* le paragraphe suivant, n. 5.),

____

(1) Inst. min. 12 août 1818. Art. 78.

qui déclare que les enfans issus d'un même père et de mères différentes seront considérés comme étant de familles différentes ; c'est là le vrai principe ; et nous ne faisons qu'en suivre les conséquences, en combattant la solution donnée ci-dessus.

II. La loi ayant attaché l'exemption à la qualité d'aîné d'orphelins, de *père et de mère*, on ne peut refuser cette faveur à un jeune homme, par le seul motif que *son aïeul existe encore* (1).

III. L'orphelin, *fils unique*, ne doit pas être exempté (2).

IV. Celui qui réclame l'exemption, comme aîné d'orphelins, ne peut en être privé par le motif qu'il a *des sœurs plus âgées que lui* (3) ; mais il n'est point admis à l'exemption s'il n'a pas des frères ou sœurs plus jeunes que lui, attendu que la loi attache l'exemption à la qualité *d'aîné* (4).

Observations. — Cette disposition semble, il est vrai, dériver du texte de la loi ; mais c'en est peut-être une interprétation bien rigoureuse. En effet la loi, en se servant de l'expression *d'aîné...*, a voulu expliquer auquel des fils s'appliquerait l'exemption, plutôt que faire dépendre cette exemption de

(1) Sol. 16 juin 1820.
(2) Circ. min. 11 juin 1819. 12ᵉ q.
(3) Inst. min. 12 août 1818. Art. 76.
(4) Circ. précitée. 12ᵉ q.

l'existence de frères ou sœurs cadets. Il faut un soutien à la famille ; c'est le fils que la nature désigne ; qu'importe s'il a des frères ou sœurs plus jeunes que lui ; il a des sœurs, à peine plus âgées que lui peut-être, qui réclament son appui, ses soins, et pour lesquelles il doit remplacer le père de famille. Les conseils de révision peuvent prononcer suivant les circonstances ; mais à coup sûr, s'ils paraissent s'éloigner du texte de la loi, ils n'en violeront pas l'esprit en prononçant l'exemption.

V. On ne peut regarder comme aîné d'orphelins, celui dont les frères du côté paternel ont encore leur mère (1) ; mais cette règle n'est applicable que dans les cas où il n'existe pas plusieurs enfans du premier lit (2).

VI. L'aîné d'orphelins est exempt, quand même il n'aurait qu'*un* frère ou qu'*une* sœur moins âgée que lui (3), quand même aussi cette sœur serait mariée (4).

VII. Un orphelin qui aurait un frère aîné infirme ou interdit pour cause de démence, ne peut être admis à l'exemption (5).

Observ. — Encore le texte appliqué sèchement. Eh ! quel sera donc le soutien que la

(1) Sol. 7 juin 1819.
(2) Circ. 19 sept. 1823.
(3) Sol. 25 sept. 1818.
(4) Sol. 22 juin 1819.
(5) Sol. 4 janvier 1819.

loi a voulu conserver à la famille ? Ce sera un homme furieux, un homme en démence !... Mais le texte ? *L'aîné d'orphelins*, dit la loi... La loi qui mènerait à de telles conséquences serait en vérité derisoire. S'il est possible de croire que telle n'a pu être son intention, laissez donc les juges l'interpréter eux-mêmes, et ne vous servez pas d'un pouvoir qui ne vous appartient pas pour leur imposer des décisions absurdes et cruelles.

VIII. L'aîné d'enfans dont la mère est décédée, et dont le père est *mort civilement* par suite d'une condamnation à une peine infamante, ne peut être exempté comme aîné d'orphelins (1).

Observ. — Cette solution des ministres est contraire aux principes les plus élémentaires de notre droit civil. Ainsi, que le fils aîné abandonne des frères, des sœurs en bas âge : ils n'ont pas besoin de son appui, ils ont pour soutien un père mort civilement, condamné aux travaux forcés à perpétuité ; ils ont des secours à recevoir du bagne !!...

Dans le langage de la loi, la mort civile équivaut à la mort naturelle : elle dissout le mariage, elle anéantit tous les liens civils. Le mort civilement n'est plus rien dans l'ordre civil. Sa succession s'ouvre (2)

(1) Sol. 8 janvier 1819.
(2) Cod. civ. Art. 25.

dès que la mort civile l'a frappé ; et, lors de la mort naturelle, il n'y a plus de succession, plus d'héritiers, car ce n'est pas alors que le père meurt : il n'existe plus depuis sa mort civile. Sans doute la nature dit encore au fils qu'il a un père ; mais la loi le lui refuse : à ses yeux, c'est un *orphelin*. Or, quand une loi emploie ce mot, elle le comprend non plus dans le sens naturel et vulgaire, mais dans le sens légal qu'elle a créé elle-même. L'orphelin est celui qui n'a plus ni père ni mère, que la nature ou la loi les lui ait enlevés. Cette décision, illégale dans sa forme (comme toutes celles que nous rapporterons), est au fond plus illégale encore. Les conseils de révision ne peuvent l'admettre.

IX. *Voy.* § 5, n° 6, pag. 124.

Pièces à fournir.

X. *Celui qui réclame l'exemption* mentionnée en ce paragraphe *doit présenter* un certificat du maire de sa commune, vérifié et visé par le sous-préfet, constatant qu'il se trouve dans le cas spécifié. Ce certificat doit être signé par trois pères de famille, domiciliés dans le canton du réclamant, dont les fils sont soumis à l'appel de la même classe, ou ont été appelés, ou sont sous les drapeaux (1).

Les pères de jeunes gens faisant partie

______

(1) Art. 13 de la loi.

d'une classe appelée, ont tous caractère pour signer ce certificat, jusqu'au moment de la clôture de la liste départementale du contingent; à compter du jour de la clôture, cette faculté n'appartient qu'à ceux dont les fils sont compris dans le contingent (1).

Les certificats et toutes pièces à produire pour la justification des droits d'exemption et de dispense, sont exempts du droit de timbre (2). Les maires et autres officiers publics sont tenus de faire mention sur ces pièces de l'emploi qui doit en être fait (3).

§ IV. — *Fils et petits-fils de veuve, de père aveugle ou septuagénaire. — Pièces à fournir.*

« Sera exempt le fils unique ou l'aîné des
« fils, et, à défaut de fils, le petit-fils ou l'aîné
« des petits-fils d'une femme veuve, d'un père
« aveugle ou d'un vieillard septuagénaire. »
(Art. 14 de la loi, § 4).

Interprétations ministérielles.

I. Cette exemption s'applique aux enfans *adoptifs* et aux enfans naturels *légitimés* (4).

II. L'existence d'une ou plusieurs sœurs ne

(1) Circ. M. 15 octobre 1828. 7ᵉ q.
(2) *Id.* 9ᵉ q.
(3) *Id.*
(4) Circ. M. 12 août 1818. Art. 74, 75.

10*

pourra être opposée à celui qui réclamera l'exemption indiquée en tête de ce paragraphe (1).

III. L'exemption n'est pas due au jeune homme petit-fils unique ou petit-fils aîné d'une *mère veuve*, ou d'un *père* aveugle ou septuagénaire qui n'a point d'enfans, mais *qui a un gendre* père de ce jeune homme, attendu, dit le garde des sceaux dans une lettre du 29 novembre 1818 (2), que, dans cette famille, le réclamant n'est qu'au second degré de la ligne descendante, et que son père, qui est au premier et sous la puissance duquel il se trouve, est plutôt que lui le soutien de l'aïeul.

Observ. — Ici c'est M⁺ le garde des sceaux qui, dans une *simple lettre*, impose son opinion à la conviction des conseils. Mais où son Exc. voit-elle la distinction qu'elle établit ? La loi, en appelant à l'exemption le petit-fils à défaut des fils, a dû penser que le gendre pouvait exister : or elle n'a rien décidé pour ce cas ; il faut donc s'en tenir à la lettre de l'article qui ne fait aucune distinction. Le petit-fils est exempt, car c'est lui que ses affections et la nature appellent à soutenir son vieux père dont il est issu, et auquel le gendre n'est attaché que par des rapports d'alliance. D'ailleurs il y a une réponse péremptoire. Le gendre est, dit-on, le

(1) *Id.* Art. 76.
(2) Voy. aussi Circ. M. 11 juin 1819. 13ᵉ q.

soutien de la veuve ou du père ; mais un gendre, d'après la loi, n'est jamais admissible à l'exemption ; c'est donc apparemment parce qu'il n'est pas considéré comme le soutien naturel de la veuve ou du père septuagénaire. Dans ce cas les conseils, nonobstant l'avis du ministre, doivent prononcer l'exemption, sous peine de violer la loi.

IV. Mais, ajoute le garde des sceaux dans une seconde lettre du 7 décembre 1819, l'exemption devra être accordée au petit-fils d'un vieillard septuagénaire ou aveugle, ou d'une femme veuve qui n'a pas de fils, mais qui a une fille mariée, et dont l'époux n'est pas le père de ce jeune homme. Ici, dit-il, le réclamant, n'ayant plus de père, se trouve dans le cas prévu par la loi.

Observ. — Que prouve encore cette distinction qui n'est pas dans la loi ? Elle ne justifie pas la décision précédente ; elle est au contraire en opposition avec elle. Dans ce cas, en effet, comme dans l'autre, le père ou la veuve ont un gendre qui serait *leur soutien* dans l'opinion du ministre, car il importe peu que le gendre soit ou non le père de l'appelé. La contradiction est évidente : c'est que le principe est faux.

V. Les enfans de *deux mariages* et de *pères différens* seront considérés comme appartenans à deux familles : ceux de la première ne pourront faire obtenir ni refuser l'exemption à ceux de la seconde.

Néanmoins, si les enfans de *deux* ou *plusieurs mariages* ont pour *mère commune* une femme devenue veuve, ils seront considérés comme ne formant qu'une seule famille, toutes les fois que l'un d'eux réclamera l'exemption comme fils aîné de veuve (1).

VI. Si les enfans d'un *même père* décédé sont nés de *mères différentes*, ils sont considérés comme étant de familles différentes quand le fils unique ou l'aîné des enfans du dernier lit réclamera l'exemption comme fils de veuve (1).

VII. Le fils ou petit-fils d'une *femme divorcée* ne peut être considéré comme fils de veuve, quoique le père soit remarié (2).

Observ. — Ici encore il suffit de rappeler les principes les plus élémentaires de notre droit civil. Le mariage est dissous, dit l'article 227 du Code civil, par la mort naturelle, par le divorce.

Ainsi le divorce, aux yeux de la loi, a les mêmes effets que la mort naturelle; elle enlève à la femme son mari. Mais, dit-on, le nom de veuve ne s'applique qu'à la femme dont le mari est mort naturellement; oui, sans doute, dans l'application vulgaire de ce mot; mais la loi ne l'entend pas seulement ainsi. *Veuve* vient du mot latin *viduus*, qui

(1) Inst. M. 12 août 1818. Art. 77.
(2) Sol. 27 juin et 18 sept. 1820.
(3) Sol. 21 juillet 1820.

signifie frustré, privé, dépouillé. Ainsi, la femme *privée* de son mari est veuve, d'après la loi, car le divorce, relativement au mariage, a les mêmes effets que la mort naturelle. Quelle serait donc, d'après la circulaire ministérielle, la position de la femme divorcée ? Elle n'est pas veuve, dit-on ; mais elle n'a plus de mari : celui qui porte ce nom est même devenu l'époux d'une autre. Quand il mourra, sera-t-elle veuve ? Non, car lors de sa mort, il n'était plus son mari. Ainsi que celui qui fut son mari vive ou qu'il meure, dans aucun cas elle ne sera veuve. Quelles conséquences absurdes ! Il faut donc en revenir aux véritables principes ; la femme veuve est celle qui n'a plus son mari, de quelque manière qu'elle l'ait perdu. C'est en ce sens que la loi l'entend, celle du recrutement comme toute autre.

Citons un exemple : L'art. 5 de la loi du 29 juin 1820, sur les élections, dit que la femme veuve pourra faire délégation de ses contributions etc. Une circulaire ministérielle (car sur quelle matière n'ont-elles pas cherché à établir un droit arbitraire) décidait que cet article ne s'appliquait pas à la femme divorcée ; mais les tribunaux ont fait justice de cette étrange interprétation, et il est maintenant de jurisprudence que la femme divorcée doit être considérée comme veuve, et participe en conséquence au bénéfice de la loi. Voyez entre autres un arrêt rendu par la cour de Rennes, le 8 décembre 1828, et rapporté en entier dans la *Gazette des Tribunaux* du 12 du même mois.

La solution ci-dessus est donc contraire à la loi et ne peut être suivie.

VIII. Le fils unique ou aîné d'une *femme veuve* d'un premier mari, *remariée* et *divorcée*, ne peut être exempté : la mère est sortie de son état de veuvage, et ne s'y trouve pas replacée par le divorce tant que son mari est vivant (1).

Ici se représentent, et avec plus de force les réflexions faites sous le numéro précédent. Solution également injuste.

IX. *Les femmes de militaires disparus aux armées* ne peuvent être considérées comme veuves, à moins qu'elles ne justifient de la mort de leurs maris dans les formes établies par le Code civil (2).

Observ. — Cette solution est bien sévère, et quand le ministre interprète si facilement contre les exemptions, ne peut-il pas, surtout dans un cas si favorable, user un peu en sens contraire du pouvoir qu'il s'arroge. D'ailleurs il y a lieu d'appliquer ici les règles posées par la circulaire du 15 octobre 1818, pour le cas où un individu réclame l'exemption comme frère d'un militaire disparu aux armées. La position est pareille : *voy.* n° 13 du § 6, p. 133.

(1) Circ. M. 11 juin 1819. 14e q.
(2) Sol. 20 août 1819.

X. Le père est *réputé septuagénaire* dès qu'il est entré dans sa soixante-dixième année (1).

Ainsi, le fils dont le père a soixante-neuf ans et un jour a droit à l'exemption.

Observ. — La question de savoir si le père d'un jeune homme est âgé de soixante-dix ans est de la compétence des tribunaux, lorsqu'elle doit être jugée en l'absence d'acte de naissance. C'est ce qu'a décidé la cour de cassation par un arrêt du 6 mars 1827.

XI. On ne doit pas considérer comme veuve la femme dont le mari, ayant été condamné aux travaux forcés à perpétuité, a encouru la *mort civile* (2).

Observ. — La veuve, comme nous disions tout à l'heure n° 7, et nous l'avons prouvé, est la femme qui a perdu son mari, dont le mariage est dissous, de quelque manière que ce soit. Or, dit l'art. 227 du Code civil, « le mariage est dissous par une con- « damnation emportant mort civile. » La solution donnée est donc inadmissible. En droit, la femme est veuve. Et pourquoi la loi du recrutement a-t-elle exempté son fils? c'est afin qu'elle ait un appui dans ses vieux jours. Or, nous le répéterons, le ministre lui donne pour soutien un mari, nous disons mal, un homme que la loi ne connaît plus ni pour

(1) Circ. précit. 16ᵉ q.
(2) *Id.* 25ᵉ q.

époux, ni pour père, un homme condamné aux travaux forcés à perpétuité. Ah ! s'il était possible qu'en certain cas la loi pût fléchir, ce serait sans doute en faveur de l'humanité ! Mais la violer pour être cruel ! quelle triste compétence s'est arrogée le ministre, et quel usage il en fait !

(*Voy*. pour cette question le n° 8 du § 2, p. 111, et le n° 7 de ce paragraphe, p. 116).

XII. Un jeune homme a droit à l'exemption ci-dessus, bien que la veuve ou le vieillard septuagénaire subissent une *peine infamante*.

Il n'y a pas droit *lorsque cette peine entraîne la mort civile* (1).

Observ. — Cette décision, qui d'ailleurs est injuste, confirme ce que nous avons dit sous le numéro précédent. Pourquoi ne pas admettre l'exemption ? c'est sans doute que le père ou la veuve sont réputés n'avoir pas besoin de secours. Mais ils ne peuvent non plus en donner dans ce cas; quel est donc alors le motif de la décision précédente ? D'ailleurs la mort civile ne fait pas cesser l'obligation que la nature a imposée aux enfans. Enfin une grâce, une commutation de peine peuvent intervenir.

Nous n'insistons pas sur cette question ni sur la précédente, car nous ne croyons pas que

______

(1) Sol. 12 janv. 1824.

les conseils de révision aient pu songer une seule fois à appliquer de tels principes.

XIII. *Voy.* § 5, n° 6, pag. 124.

Pièces à fournir.

XIV. Certificat constatant que le réclamant se trouve dans le cas spécifié : il est délivré en la forme indiquée ci-dessus. (*Voy.* p. 112.)

§ V. — *Frères concourant au même tirage.* — *Pièces à fournir.*

« Sera exempté le plus âgé de deux frères « désignés tous deux par le sort dans un même « tirage (art. 14 de la loi, § 5). »

Interprétations ministérielles.

I. L'aîné des deux frères, concourant au même tirage, n'est point fondé à réclamer l'application de cet article dans les cas ci-après :

1° Si *le numéro* de tirage *de son frère* puîné *n'est point atteint* par la désignation faite pour la formation du contingent (1);

2° Si *ce frère* puîné, étant appelé pour la formation du contingent, *est exempté lui-*

____

(1) Circ. M. 11 juin 1819 22° q.

11

même pour un motif quelconque, ouse trouve dans un des cas d'exclusio nprévus par l'art. 2 de la loi;

3° Si ce même frère, ayant été compris dans la liste du contingent, y est inscrit comme dispensé par des motifs qui garantissent une libération irrévocable, c'est-à-dire pour promotion aux ordres sacrés, ou obtention d'un des grands prix (1).

II. Les dispositions du § V de l'art. 14 sont absolues; et *le plus âgé* des frères désignés dans un même tirage *est exempté*, lors même *que*, dans la famille, *il y aurait eu un frère aîné admis à l'exemption*, pour d'autres motifs que pour infirmités (2).

III. Lorsque *les deux frères* concourant au même tirage *sont jumeaux*, et lorsque les actes de naissance établissent un rapport d'antériorité, l'exemption est acquise à celui qui a vu le jour le premier. Si les actes de naissance n'établissent pas ce rapport, l'exemption est due à celui qui, ayant le numéro le plus élevé, est fondé à se prévaloir de l'appel déjà fait du numéro de son frère (3).

IV. Si *l'un des deux frères* ayant concouru au même tirage et désignés tous deux pour le contingent, *se fait remplacer*, l'autre frère n'a pas droit à l'exemption, à moins que le

(1) *Id.* 23. q., et Sol. 5 fév. 1819.
(2) Sol. du 1er avril 1825.
(3) Circ. précitée. 21. q.

remplacement n'eût été effectué postérieurement à l'admission de l'exemption, attendu
que les exemptions sont de leur essence absolues et définitives (1).

Observ. — Cette distinction n'est nulle-
ment dans l'esprit de la loi. Il importe peu à
quelle époque le remplacement ait eu lieu ;
dans tons les cas, l'exemption doit être prononcée. Le remplacé est censé s'acquitter personnellement du service militaire ; il est sous
les drapeaux par son remplaçant. C'est toujours lui qui sert. Qu'arriverait-il, en effet,
si le remplaçant venait à déserter dans l'année
de responsabilité ? Le remplacé serait tenu
de servir en personne : serait-il donc alors
exempté ? Mais peut-être n'est-il pas l'aîné.
Entrerait-il au service ? Mais ainsi, contrai-
rement au vœu de la loi, l'exemption ne
serait pas prononcée dans le cas où elle l'a
voulu; et deux frères ayant concouru au même
tirage seraient en même temps sous les drapeaux.

V. Si *deux frères* appartenant à la même
classe réclament l'exemption pour le motif
qu'ils *ont un frère aîné au service*, ou mort
ou réformé, l'exemption doit être accordée
non pas à l'aîné, mais à celui des deux réclamans qui, ayant le numéro de tirage le plus
élevé, devrait partir le premier (2).

(1) *Id.* 24ᵉ q.
(2) Sol. 1ᵉʳ avril 1825.

VI. Il est évident que *les exemptions* énumérées dans ce paragraphe et dans les deux précédens *sont applicables* toutes les fois que le cas spécifié se présente, *quand même un frère mort en aurait déjà profité.* Cela résulte d'ailleurs de la circulaire du 11 juin 1819, 20ᵉ q.

Pièces à fournir.

VII. Certificat en la forme ci-dessus (*voy.* § II, nº 9, page 112), constatant que le réclamant est l'aîné des deux frères.

§ VI. — *Frères sous les drapeaux, etc.* — *Pièces à fournir.*

« Sera exempté celui dont un frère sera sous « les drapeaux, à quelque titre que ce soit, « ou sera mort en activité de service, ou aura « été réformé pour blessures reçues, ou infir- « mités contractées à l'armée.

« Ladite exemption sera appliquée dans la « même famille autant de fois que les mêmes « droits s'y reproduiront.

« Néanmoins seront comptés en déduction « desdites exemptions, les frères vivans li- « bérés, en vertu de l'art. 14 de la loi, à tout « autre titre que pour infirmités (art. 14 de « la loi). »

Interprétations ministérielles.

Ces expressions, *à quelque titre que ce soit,* souffrent quelques exceptions.

I. Un tableau, approuvé par le Roi le 5 novembre 1818, fait connaître qu'elles sont, parmi les personnes attachées à l'armée, celles qui doivent être considérées comme étant sous les drapeaux, et pouvant en conséquence conférer à leur frère le droit d'exemption (1).

Tableau, approuvé par le Roi, le 5 novembre 1818, indiquant les officiers généraux, supérieurs et autres brevetés ; de tout grade et de tout rang, et Militaires immatriculés dans les Corps de l'armée, et qui sont sous les drapeaux.

1° Officiers généraux ou supérieurs, et autres, faisant partie de l'état-major général de l'armée de terre ou du corps royal de la marine. (*Circulaire du 17 décembre 1824.*) — Officiers brevetés de la maison militaire du Roi. — Officiers supérieurs et officiers de tout grade composant le corps spécial d'état-major. Officiers d'état-major des places. } Actuellement pourvus de lettres de service, et en activité.

(1) Circ. M. 6 nov. 1818. 2ᵉ q.

11ᴴ

2º Officiers supérieurs et officiers de tout grade faisant partie des corps de toutes armes de la garde royale et de la ligne, des troupes de la marine, de la gendarmerie, des compagnies sédentaires et des compagnies de discipline. } **En activité de service.**

3º Sous-officiers, caporaux et brigadiers, soldats, tambours, trompettes et musiciens servant comme appelés ou comme engagés volontaires dans les troupes de terre ou de la marine. } **En activité dans des régimens, bataillons, escadrons ou compagnies de toutes armes.**

4º Jeunes soldats, bien que non incorporés.

5º Sapeurs-pompiers de la ville de Paris. (D'après l'ordonnance royale de 1821, ce corps a été rangé parmi les troupes de terre, Sol. 9 mai 1822.)

6º Ingénieurs géographes appartenant aux troupes de terre, et brévetés officiers, s'ils sont pourvus de lettrés de service, et sont en activité. (Déc. du 7 juillet 1821.)

7º Officiers, sous-officiers et soldats de marine, y compris les équipages de ligne, et les inscrits maritimes embarqués sur les vaisseaux du Roi. (Circ. 17 déc. 1824.)

Tableau des officiers généraux, supérieurs et autres qui ne sont pas considérés comme étant sous les drapeaux, sous le rapport des exemptions à accorder d'après le 6º paragraphe de l'article 14 de la loi.

Les officiers généraux, supérieurs et autres, de toute arme, de tout grade et de tout rang, qui sont en non activité avec ou sans traitement, même ceux qui sont disponibles ou font partie des cadres d'organisation de l'état-major, sans lettres de service;

Les aumôniers,
Les officiers de santé, (lors
  même qu'ils auraient été commissionnés pour être
  tirés d'un corps, ou au- employés dans les corps,
  raient été jeunes soldats ou dans les hôpitaux ou
  avant leur admission au établissemens militaires.
  service de santé, Sol.
  7 juillet 1821.)

Les inspecteurs (non militaires) des fonderies et des
  poudres et salpêtres ;
Les contrôleurs des manufactures d'armes, de forges
  ou de fonderies, ainsi que les maîtres-ouvriers at-
  tachés à ces fonderies ;
Les employés attachés aux écoles qui sont dans les at-
  tributions du ministre de la guerre ;
Les élèves de ces mêmes écoles (non brevetés officiers).;
Les employés des hôpitaux et tous autres attachés aux
  divers services de l'armée ;
Les secrétaires écrivains des places ;
Les portiers-consignes ;
Les musiciens gagistes qui n'ont été incorporés, ni
  comme engagés volontaires, ni comme appelés;
Les maîtres-ouvriers et ouvriers des corps qui n'ont été
  incorporés ni comme engagés volontaires, ni comme
  appelés ;
Les enfans de troupes.
Les artistes vétérinaires commissionnés et employés
  dans les établissemens militaires ou à la suite des
  corps. (Sol. 16 août 1818, et 18 février 1820.)
Les ouvriers des poudres et salpêtres. (Sol. 5 août 1819.)
Les préposés des douanes. (Sol. 26 sept. 1818.)

Observation. Il ne s'agit dans ce dernier tableau, dit
le *Manuel*, que des militaires compris dans la première
catégorie du 6ᵉ paragraphe de l'art. 14, et si ces militaires
se trouvent dans les troisième et quatrième, c'est-
à-dire s'ils sont réformés pour blessures ou infirmités
contractées à l'armée, en ce cas, il y a lieu à l'exemption. Ici, le *Manuel* ne cite aucune instruction; mais
son caractère officiel, ou plutôt ministériel, doit faire
regarder ce point comme approuvé par l'autorité : d'ailleurs il n'y a là rien que de juste.

II. Les jeunes gens qui réclament l'exemption comme ayant un frère sous les drapeaux, doivent l'obtenir *lors même que ce frère*, ayant été désigné et immatriculé comme faisant partie du contingent d'une levée, n'aurait *pas encore été mis en activité* (1), et aussi lors même que ce frère renvoyé provisoirement dans ses foyers n'aurait pas encore reçu de congé de renvoi (2), ou bien encore lorsque ce frère, *mis en route*, soit comme enrôlé volontaire, soit comme appelé, remplaçant ou substituant, *meurt* avant d'arriver au corps (3).

III. Les frères des *élèves des écoles militaires* ne sont admis à l'exemption qu'autant que lesdits élèves seraient porteurs de brevets d'officiers, ou qu'ils seraient compris dans le contingent d'une levée (4).

IV. Les bataillons de *garde nationale*, lorsqu'ils sont mis en activité et placés sous la direction du ministre de la guerre, sont assimilés aux bataillons de la ligne. En conséquence, si des gardes nationaux faisant partie de ces bataillons sont morts ou ont été blessés pendant la durée de l'activité, leurs frères sont fondés à réclamer l'exemption (5). La même décision doit s'appliquer à celui qui a un frère dans la *garde d'honneur* (6).

(1) Inst. M. 12 août 1818. Art. 79.
(2) Sol. 11 mars 1821.
(3) Sol. 20 déc. 1818.
(4) Inst. 12 août 1818. Art. 80.
(5) Circ. 11 juin 1819. 19. qᵉ.
(6) Circ. M. 6 nov. 1818. 4ᵉ q.

V. L'exemption est due au frère d'un militaire présent sous les drapeaux, lors même que celui-ci n'y fait, *comme vétéran*, qu'un service territorial (1). Elle n'est pas due, si ce ce militaire est libéré du service et susceptible seulement d'être inscrit au contrôle des vétérans (2).

VI. Les jeunes gens dont les frères sont morts dans les *dépôts de réfractaires*, ont droit à l'exemption, attendu que ces dépôts étaient constitués militairement, et que l'envoi qu'on y faisait n'étaient qu'une mesure de punition et de discipline. L'exemption est également due au frère de tout militaire faisant partie des *bataillons coloniaux, des compagnies de pionniers, de discipline* et tous autres corps de punition (3).

VII. Si un militaire, par sa présence sous les drapeaux, a fait conférer l'exemption à un de ses frères, *il ne peut la faire obtenir à un second, quoique* après l'expiration de son temps il se soit rengagé ou ait contracté un engagement volontaire (4).

Observ. — Cette solution peut être jusqu'à un certain point justifiée par le texte de la loi, mais elle nous semble bien rigoureuse. En effet, la loi attache l'exemption à la pré-

______

(1) Circ. 19 sep. 1825.
(2) Sol. 26 sept. 1818.
(3) Circ. 11 juin 1819. 25e q.
(4) Sol. 18 mars 1825.

sence d'un frère sous les drapeaux pendant le temps que la loi détermine. Les services de l'un dégagent le second. Mais, si, à l'expiration de son temps de services, le premier consent à les continuer encore; alors une nouvelle prérogative doit être attachée à sa nouvelle présence sous les drapeaux : il n'est alors, pour ainsi dire, que le remplaçant de son frère. Il eût dû rentrer dans la famille : ce n'est qu'à cette condition qu'un autre fils en devait sortir, et la famille doit conserver un appui dont on ne peut la priver qu'en lui en rendant un autre.

VIII. *Dans le cas de remplacement,* ce n'est pas au frère du remplacé, mais à celui du remplaçant, que l'exemption doit être accordée (1).

Observ. — Il est évident que l'exemption ne peut être accordée aux frères de l'un et de l'autre. Mais qui doit-on préférer? le remplaçant? Il ne s'acquitte pas d'un service personnel; son état est, pour ainsi dire, un emploi salarié; et, dans l'esprit de la loi, l'exemption étant le prix d'un service personnel, elle deviendrait inapplicable au remplaçant. Il est vrai que la loi parle d'un militaire sous les drapeaux *à quelque titre que ce soit;* mais nous répéterons ici ce que nous avons dit sous le n° 4 du § précédent, p. 123 : Si le remplaçant déserte dans l'année, le remplacé sera

(1) Circ. 6 nov. 1818.

tenu de se rendre sous les drapeaux, où il retrouverait son frère. Ce n'est pas là ce que veut la loi : d'ailleurs, cette solution ministérielle est contredite par la circulaire du 21 octobre 1818, 5ᵉ Q., qui *déclare dispensé*, et, en certains cas, *exempté, l'engagé volontaire qui s'est fait remplacer*. (*Voyez* la section suivante, § 1ᵉʳ, n° 4, p. 145). C'est parce que la dispense ou l'exemption résultent d'un service personnel ou réputé tel par le fait de la responsabilité. Il y a donc, dans le cas qui nous occupe, même raison de décider; et il nous semble que le frère du *remplacé* peut seul être admis à l'exemption.

IX. Le *frère d'un remplaçant* admis par le conseil de révision, mais non encore immatriculé comme jeune soldat, n'a pas droit à l'exemption (1).

Observ. — Ceci n'est pas conséquent avec le système de la solution précédente (qui d'ailleurs nous semble elle-même contraire à l'esprit de la loi), du moins devrait-il être sursis à prononcer sur l'exemption jusqu'au moment où le remplaçant serait immatriculé : car s'il l'est (et il y a présomption par le fait de son admission par le conseil), son frère ne doit pas partir. Les termes de cette solution, si même on admet le principe, sont donc trop absolus.

X. Les frères des militaires de tout grade,

____

(1) Sol. 21 janvier 1824.

réformés pour blessures ou infirmités, ont droit à l'exemption, *quoique ces militaires jouissent d'une pension* ou soient *décédés* depuis la réforme (1).

XI. Les frères des sous-officiers et soldats *admis à la retraite* ou à l'Hôtel des *Invalides*, doivent jouir de l'exemption (2).

XII. Lorsqu'un jeune homme réclame l'exemption, comme ayant un frère *réformé pour blessures ou infirmités contractées à l'armée*, il n'est pas nécessaire qu'il prouve que ce frère a été blessé sur le champ de bataille, ou que son infirmité provient du fait même du service militaire. Le mot *armée*, dans le langage de la loi, signifie l'ensemble des troupes, *sans distinction du temps de paix et du temps de guerre*. Dès lors, toute blessure reçue ou toute infirmité contractée dans un des corps de l'armée, en quelque temps que ce soit, constitue, par le fait seul de la réforme, un cas légal d'exemption, sans qu'il soit besoin de rechercher la cause directe de la blessure ou de l'infirmité.

Il n'y aurait lieu à refuser l'exemption, que s'il résultait des pièces produites, de la date de la réforme, ou des renseignemens parvenus au conseil de révision, que les blessures ou infirmités du réformé existaient

______

(1) Sol. 28 nov. 1818, et 14 mars 1825.
(2) Sol. 16 déc. 1818.

au moment de son admission sous les drapeaux (1).

Et encore, *dans ce cas même*, serait-il
juste, ce nous semble, d'examiner si la gra-
vité des blessures ou infirmités, bien que
l'origine en soit antérieure à l'admission sous
les drapeaux, n'a pas pu être déterminée par
les fatigues du service militaire.

XIII. Si un jeune homme réclame l'exemption comme frère d'un *militaire disparu aux
armées*, il peut, à défaut de pièces authentiques, justifier de sa demande par un extrait
des registres matricules du corps, dûment
certifié et légalisé, ou un certificat de l'autorité militaire compétente, constatant que le
frère était sous les drapeaux quand il a disparu, et qu'il n'est porté, ni comme déserteur, ni comme prévenu de désertion ; *ou bien*,
s'il y a impossibilité absolue de se procurer
l'une ou l'autre de ces deux pièces, il peut
produire un certificat du maire de sa commune, signé de trois pères de famille dont les
fils sont soumis à l'appel, ou ont été appelés,
ou sont sous les drapeaux, constatant que ce
frère était sous les drapeaux quand il a cessé
de donner de ses nouvelles, et qu'il a disparu,
et qu'aucun acte ou avis public ou particulier n'a fait connaître qu'il eût été signalé
comme déserteur ou prévenu de désertion,
et qu'on ignore ce qu'il est devenu.

(1) Circ. 11 juin 1819. 18° q.

Et, de plus, conformément à l'art. 46 du Code civil, les actes de décès peuvent être suppléés par les témoignages et les papiers de famille.

Au reste, les conseils de révision sont juges de l'authenticité des documens : c'est à eux qu'il appartient de décider s'ils sont suffisans (1).

(Frère de déserteur).

XIV. L'exemption doit être refusée au frère d'un militaire *mort en état de désertion* (2). « Mais, ajoute la circulaire du 30 mai 1820, 5e q., il ne suffit pas qu'un militaire soit *prévenu de désertion* pour que le conseil refuse l'exemption ; car il est possible que ce militaire ait cessé d'être en état de désertion, soit parce qu'il se serait représenté, soit parce qu'ayant été livré aux tribunaux, il aurait été acquitté : or, comme dans chacune de ces hypothèses, il serait injuste de refuser l'exemption au réclamant, celui-ci peut, à défaut de documens transmis officiellement à la préfecture, être admis à prouver que l'état de désertion n'existe pas ; et il convient que, dans le cas où il n'aurait pas pardevers lui les pièces nécessaires pour établir cette preuve, le conseil ajourne sa décision définitive jus-

(1) Circ. 15 oct. 1818. 6e q.
(2) Circ. 11 juin 1819. 25e q.

qu'à l'époque fixée pour la clôture de la liste départementale du contingent. »

Observ.—Cette dernière disposition est sage, et conforme aux vrais principes du droit criminel; mais n'est-elle pas en opposition directe avec la première, qui défend l'exemption dans le cas où le frère *est mort* en état de désertion? « Il ne suffit pas, dit le ministre, que le frère soit prévenu de désertion; mais, s'il meurt, il n'est aussi que prévenu de désertion; mais la présomption d'innocence suit l'accusé jusqu'au jour de sa condamnation; il l'emporte avec lui s'il meurt avant d'être jugé. Or, ce militaire, s'il eût vécu, peut-être se fût représenté, peut-être eût été acquitté par les tribunaux. D'ailleurs…. (*Voyez* les observations faites sous le n° suivant).

XV. Il n'y a pas lieu à l'exemption si le frère du déserteur arrêté est condamné pour désertion, ou est mort, soit avant, soit après sa condamnation (1).

Observ.—Nous reproduisons ici les réflexions qui précèdent, relativement au cas où le frère est mort avant sa condamnation; et de plus, lors même qu'il est condamné pour fait de désertion, en résulte-t-il que son frère ne puisse être admis à l'exemption? Pourquoi un jeune homme appelé est-il exempté quand son frère est au service? c'est en considération des services de celui-ci; c'est parce que, sur

____

(1) Sol. 19 oct. 1818.

deux fils, l'un doit rester dans sa famille. Maintenant, pourquoi le premier frère est-il condamné? c'est parce qu'il n'a pas accompli son devoir : sa condamnation dérive uniquement de l'obligation qui lui était imposée, obligation qui fait naître l'exemption pour son frère. La condamnation est une conséquence de son départ, tout aussi bien que la mort sur le champ de bataille. Mais il ne fait plus partie de l'armée, dit-on? c'est une erreur. Et d'ailleurs la loi n'attache pas l'exemption à la présence réelle sous les drapeaux, mais à l'accomplissement des conditions imposées par le recrutement. Ce frère déserteur a satisfait à la loi, il est parti; son frère doit rester dans la famille. A l'appui de ce raisonnement, nous invoquerons la circulaire du 11 juin 1819, 29ᵉ Q., et la solut. donnée le 2 février 1824 (*Voy*. p. 144, nᵒˢ 2 et 3), qui déclarent dispensé l'engagé volontaire, lors même qu'il a été condamné pour désertion, *attendu que c'est précisément en vertu de son engagement qu'il est poursuivi et puni* : eh bien! ici c'est précisément aussi en vertu de la désignation faite de son numéro, en vertu de son départ, que le militaire est poursuivi et puni ; or, cette désignation ne peut atteindre deux frères de suite ; un seul doit satisfaire à la loi.

Sous quel prétexte, en effet, le frère d'un déserteur pourrait-il être privé de l'exemption? Ce serait parce que celui-ci ne ferait plus partie de l'armée. Or, le soldat déser-

teur reste toujours immatriculé sur les contrôles de son corps; il est toujours considéré comme en faisant partie; et, à l'expiration de sa peine, il est astreint à finir son
temps de service. Il est envoyé, il est vrai,
dans des compagnies de discipline, mais qu'importe? c'est toujours en qualité de *soldat*; il
est sous les drapeaux, comme dit la loi; donc
son frère ne doit pas partir.

XVI. Il n'y a pas lieu à l'exemption si
le frère militaire est détenu par suite d'une
condamnation infamante, ou s'il a été fu-
sillé (1).

XVII. Le frère d'un militaire porteur d'un
congé ou sursis illimité (*Voy*. ci-après, §8),
ne doit être admis à l'exemption qu'autant que
celui-ci a été renvoyé dans ses foyers comme
excédant l'effectif, et non si c'est par suite de
la demande qui en aurait été faite par lui ou
sa famille (2).

XVIII. Dans le cas où *un individu* non
encore appelé *est parti comme remplaçant
de son frère aîné*, ce remplacement n'étant
qu'une cession de droit, le troisième frère,
s'il en existe un, ne peut réclamer l'exemption qu'autant que le remplaçant, lors de
l'appel de sa classe, aurait obtenu un numéro
non atteint par la désignation (3).

(1) Sol. 5 déc. 1818 et 21 juillet 1826.
(2) Sol. 21 juillet 1821.
(3) Circ. 11 juin 1819. 39. q.

XIX. Si *deux frères* sont en activité ou réputés y être, ou si tous deux ou l'un d'eux a été réformé ou est mort sous les drapeaux, *l'exemption est acquise à autant de frères* de la même famille, et jamais à un plus grand nombre (1). En un mot, elle est appliquée autant de fois que les mêmes droits se reproduisent.

« Néanmoins, ajoute l'art. 14, sont comptés en déduction desdites exemptious, les frères vivans libérés, en vertu de l'art. 14, à tout autre titre que pour infirmités. »

XX. *La déduction n'a pas lieu :*

1° Pour les hommes libérés pour défaut de taille (cette exemption est distincte de celle accordée pour infirmités (2);

2° Pour ceux libérés ou amnistiés en vertu de lois ou réglemens antérieurs à la loi actuelle (3);

3° Pour ceux *dispensés* en vertu de l'art. 15 de la loi, ou ceux exemptés, soit comme mariés (art. 7), soit comme anciens militaires (art. 23 et 24) (4), et enfin pour ceux dont le numéro n'est pas compris dans le contingent (5).

XXI. *Si un jeune homme exempté* comme frère d'un militaire au service, ou mort, ou

(1) Sol. 3 nov. 1818, et 17 juin 1820.
(2) Sol. 23 janv. 1824.
(3) Circ. 22 juin 1819.
(4) Sol. 27 nov. 1818, et 14 avril 1819
(5) Circ. 11 juin 1819. 26° q.

réformé, *vient à mourir*, le troisième frère doit être également exempté ; car on ne peut opposer à un réclamant que les exemptions déjà accordées à un frère encore vivant (1).

Pièces à fournir.

XXII. Si le réclamant fonde ses droits sur le service d'un frère qui a été incorporé, il doit fournir un certificat du conseil d'administration du corps, ou **tout** autre document authentique faisant connaître que ce dernier sert dans ledit corps, *ou* qu'il est mort en activité de service, ou qu'il a été réformé pour blesures et infirmités contractées au service :

Si le frère du réclamant a été immatriculé comme jeune soldat, et n'est pas encore incorporé, un certificat du capitaine du recrutement, constatant son inscription aux registres matricules, et portant qu'il n'a pas été mis en activité.

Dans l'un et l'autre cas, le réclamant devra produire, en outre, un certificat délivré en la forme ci-dessus (*Voy.* § 2, n° 9, p. 112), constatant qu'il est réellement frère de celui duquel il excipe, et qu'il n'a été accordé dans sa famille aucune exemption qui puisse le priver du bénéfice de l'art. 24 de la loi.

(1) *Id.* 20ᵉ q.

§ VI. *Mariage avant la loi.*

Cette exemption n'a plus lieu d'être appliquée maintenant : il est inutile d'en parler.

§ VII. — *Anciens militaires.*

C'est à tort peut-être que nous rangeons ce paragraphe sous le titre *des exemptions*. L'art. 24 de la loi dit que « les anciens sous« officiers et soldats, ne pourront être rap« pelés sous les drapeaux, s'il ne demandent « à contracter des engagemens. . . . »

Cette qualité d'*ancien militaire* ne crée donc pas une exception : la loi, à cet égard, est conçue dans des termes absolus; ce n'est pas en leur faveur une exemption qu'elle prononce, puisque, ne pouvant être appelés, ils n'ont pas à la faire valoir; c'est une libération absolue et définitive, sauf les restrictions dont nous parlerons au titre *des vétérans*.

Mais ces expressions *sous-officiers et soldats* ont donné lieu à plusieurs interprétations ministérielles qu'il est nécessaire d'indiquer ici, parce qu'elles peuvent être invoquées en faveur d'individus qui, par erreur, auraient été appelés.

I. Les *gardes-du-corps* qui ont cessé de faire partie de leurs compagnies, et qui justifient d'un congé ou d'un certificat, constatant *qu'ils ne sont pas démissionnaires*, ne peuvent pas être assujettis à marcher comme soldats : ils doivent être assimilés aux officiers réformés, et remplacés dans le contingent (1).

II. Les officiers *réformés* ou *mis à la retraite*, qui, par leur âge appartiennent à une classe appelée, et qui, par leur numéro de tirage sont compris dans le contingent, ont droit, *non à la dispense, mais à l'exemption*, et par conséquent doivent être remplacés dans le contingent par les numéros subséquens. *Quant aux officiers démissionnaires*, ils sont rentrés dans la classe des citoyens par un acte de leur volonté, et, par conséquent, ils n'ont droit ni à l'exemption, ni à la dispense (2).

N'est pas réputé démissionnaire, l'officier nommé à un emploi civil dans une école militaire : il est en non activité, et comme tel il a le droit à la dispense (3). Voy. la sect. suivante, § I, n. 5 et 6.

§ VIII. — *Sursis illimité.*

I. Il est certains cas auxquels la loi n'attache pas l'exemption, mais qui cependant peuvent engager les conseils de révision à se départir de la rigueur de la loi. Ainsi, par exemple, un jeune homme peut se trouver

(1) Circ. 21 oct. 1818. 6e q.
(2) Circ. 21 oct. 1818. 4e q.
(3) Sol. 7 juin 1820.

l'unique soutien de sa famille, sans que pour cela cependant il soit compris dans les cas d'exemptions spécifiés par la loi. Mais alors ce n'est pas la libération définitive qui peut être prononcée ; c'est ce que les instructions ministérielles nomment un *sursis illimité.*

II. C'est aux conseils de révision qu'il appartient d'apprécier la situation des jeunes gens. Lorsqu'il y a lieu, les propositions de sursis illimités sont adressées motivées, par les conseils, au ministre de la guerre, aussitôt après la clôture de la liste départementale. Si l'incorporation ne suivait pas immédiatement cette opération, il pourrait être formé un état supplémentaire de ces propositions à l'époque de l'appel à l'activité, et avant le jour fixé pour l'expédition des lettres de mise en activité (1).

III. Les porteurs de sursis illimités sont laissés dans leurs foyers, où leurs temps de service compte comme s'ils étaient sous les drapeaux : ils reçoivent un congé à l'expiration de leur temps de service.

SECTION III. — Des dispenses.

§ I. — *Disposilions générales. — Caractère des dispenses.*

I. Nous avons vu que l'exemption était, de

(1) Circ. 22 février 1822.

sa nature, définitive et absolue. La dispense est, en certains cas, irrévocable, et dans d'autres, seulement conditionnelle.

II. Les dispenses accordées aux ecclésiastiques promus aux *ordres sacrés*, aux jeunes gens qui ont obtenu l'un des *grands prix* décernés par l'institut royal, ou le *prix d'honneur* décerné par l'université, *sont irrévocables*; et les jeunes gens qui se trouvent compris dans l'une de ces trois catégories ne peuvent être repris pour le service militaire (1).

III. Quant aux jeunes gens *dispensés pour tout autre motif*, s'ils appartiennent à l'armée par leur numéro de tirage, ils seront repris pour le service militaire, et tenus d'y rester jusqu'au renvoi de la classe à laquelle ils appartiennent, si, avant cette époque, ils perdent ou abandonnent leur état, profession ou emploi, ou l'école ou le service dans lequel ils auront été admis (2).

IV. *Seront dispensés*, dit l'art. 15 de la loi, « considérés comme ayant satisfait à l'appel et « comptés en déduction du contingent à fournir, les jeunes gens désignés par leur numéro pour faire partie dudit contingent « qui se trouveront dans un des cas suivans :

(1) Inst. 12 août 1818. Art. 85.
(2) *Id.*

§ II. — *Engagement volontaire.* — *Pièces à fournir.*

« 1°. Ceux qui ont contracté un engage-
« ment volontaire. »

I. Un jeune homme qui s'est engagé volontairement, mais qui, à son arrivée au
corps, ou à la revue qui a suivi son incorporation, *a été déclaré impropre au service militaire* et renvoyé dans ses foyers, ne doit
pas être compris parmi les dispensés, lors de
l'appel de la classe à laquelle il appartient par
son âge; attendu qu'il a pu n'être refusé que
pour cause d'inaptitude au service de l'arme
qu'il avait choisie, et qu'il peut être reconnu
propre au service de l'infanterie (1).

II. Un engagé volontaire, *en état de désertion*, n'en doit pas moins être inscrit comme
dispensé, si son numéro de tirage est compris dans la désignation; attendu que c'est
précisément en vertu de son engagement qu'il
peut être poursuivi et puni, et que, s'il n'intervient pas de condamnation contre lui,
il reste tenu de remplir l'obligation qu'il a
contractée (2).

III. L'engagé volontaire, *détenu par suite
de condamnation*, doit être inscrit comme
dispensé, s'il n'a pas été condamné à une peine
afflictive et infamante (3). Il doit être cepen-

(1) Circ. 11 juin 1819. 28e q.
(2) *Id.* 29e q.
(3) Sol. 5 nov. 1818.

dant, en tous les cas, s'il a été condamné pour désertion (1).

IV. L'engagé qui s'est fait remplacer doit être *dispensé*, si son remplaçant est encore en activité de service, ou en congé de semestre, ou même en congé illimité : dans le cas contraire, il doit être *exempté*, et par conséquent remplacé dans le contingent (2). Si le remplaçant est en état de désertion, le remplacé doit être *dispensé*, *car c'est comme engagé volontaire, et non comme appelé*, que, par suite de la responsabilité annuelle, il est tenu de marcher ou de fournir un autre remplaçant (3).

V. Outre les dispenses qui résultent d'engagement volontaire, il en est encore qui sont prononcées, *sans qu'il y ait eu un engagement contracté*.

Ainsi, *par exemple*, pour ceux qui, sans engagement contracté, ont été admis et servent comme officiers dans les cadres de l'armée ; pour ceux aussi qui sont en non activité, lors même qu'ils seraient en instance pour la retraite (4).

Si la retraite est accordée, il n'y a plus lieu à la dispense, mais seulement à l'exemption (Voy. la sect. précéd. § VII. n. 2.).

(1) Sol. 2 février 1824.
(2) Circ. 28 oct. 1818 5e q., et Sol. 20 déc. 1824.
(3) Circ. 11 juin 1819. 30e q., et Sol. 22 octobre 1819.
(4) Sol. 23 nov. 1818.

VI. Quant aux *officiers démissionnaires*, si la dispense qui leur a été accordée a été déterminée par le service auquel ils étaient assujettis, et qu'ils viennent de quitter, ils sont tenus à terminer leur temps de service (1).

N'est pas réputé démissionnaire, l'officier nommé à un *emploi civil* dans une école militaire; il est en non activité, et comme tel, il a droit à la dispense (2).

Pièces à fournir.

VII. Une expédition de l'acte d'engagement, ou un document authentique sur l'engagement, ou un certificat de présence au corps.

§ III. — *Service de l'armée de mer.* — *Pièces à fournir.*

« 2°. Les jeunes marins, portés sur les re-
« gistres matricules de l'inscription maritime,
« conformément à la loi du 3 brumaire an 4,
« et les charpentiers de navire, perceurs,
« voiliers et calfats immatriculés conformé-
« ment à cette même loi. »

I. *La dispense*, résultant de l'inscription maritime, *n'est due qu'à ceux* qui font la na-

(1) Circ. 21 oct. 1818. 4ᵉ q., et Sol. 12 déc. 1820.
(2) Sol. 7 juin 1820.

vigation sur les côtes ou dans les rivières jusqu'à l'endroit où remonte la marée, ou jusqu'à l'endroit où les bâtimens de mer peuvent remonter : ainsi l'inscrit maritime qui ne naviguerait que sur des points plus élevés d'une rivière, n'aurait pas droit à la dispense (1).

II. Ceux qui ont obtenu des *congés de grâce* dans la marine n'ont pas droit à la dispense (2).

III. Il en est de même de ceux qui servent dans les *milices coloniales*, attendu que ces corps ne font partie ni de l'armée de terre, ni de l'armée de mer (3).

IV. *Un marin* ou *ouvrier de marine* qui, pendant son absence, en mer ou ailleurs, est désigné pour la formation du contingent de la classe appelée, et qui ne remplit pas à l'époque du tirage les conditions prescrites pour être inscrit, appartient, dès ce moment, à l'armée de terre, et doit suivre à son retour la destination qui lui a été assignée (4). Néanmoins le conseil de révision peut suspendre sa décision, jusqu'à la clôture de la liste départementale, pour un jeune homme qui n'a pas encore tout-à-fait le temps de voyage nécessaire pour être inscrit maritime, et qui, par

(1) Sol. 9 avril 1819.
(2) Sol. 28 juillet 1820.
(3) Sol. 29 juillet 1820.
(4) Circ. 7 sept. 1818.

conséquent, n'a pu obtenir le certificat d'inscription : mais si, lors de la clôture, il ne produit pas ce certificat, il doit être déclaré bon pour le service de terre (1).

VI. *Les inscrits maritimes qui*, après avoir été dispensés, *réclament leur radiation de l'inscription maritime*, appartiennent, par le fait même de cette radiation, à l'armée de terre (2); dans ce cas, le commissaire du quartier maritime doit donner avis de la radiation au préfet du domicile du radié (3).

VII. Les *gardes chiourmes* doivent être inscrits comme dispensés sur la liste du contingent (4).

VIII. Il n'en est pas de même des hommes qui font partie des *brigades de douanes* (5).

Pièces à fournir.

IX. Un certificat de classement délivré par le commissaire de marine.

§ IV.—*Officiers de santé.*— *Pièces à fournir.*

« 3°. Les officiers de santé *commissionnés* « et employés dans les armées de terre et de « mer. »

(1) Sol. 5 juin 1819.
(2) Circ. 7 sept. 1818.
(3) Lettre M. 22 avril 1820.
(4) Sol. 23 juillet 1819.
(5) Déc. 26 sept. 1818.

I. Cette disposition ne s'applique qu'aux officiers de santé commissionnés et employés à l'époque de l'appel de leur classe (1).

Pièces à fournir.

II. 1°. Une expédition de la commission qui a été délivrée par le ministre de la marine ou de la guerre.

2°. Un certificat constatant que le réclamant est employé dans le service de santé de l'armée, et faisant connaître quel est cet emploi : ce certificat doit être délivré par le sous-intendant militaire chargé de la police du corps, ou de l'établissement où le réclamant est employé.

§ V. — *Ordres sacrés.* — *Pièces à fournir.*

« 4°. Les jeunes gens régulièrement auto-
« risés à continuer leurs études ecclésiastiques
« sous condition qu'ils perdront le bénéfice
« de la dispense, s'ils n'entrent pas dans les
« ordres sacrés.

« Cette disposition est applicable aux divers
« cultes dont les ministres sont salariés par
« l'État. »

I. Un jeune homme n'est fondé à réclamer la dispense, comme élève ecclésiastique, qu'autant qu'il a déjà commencé ses études

(1) Circ. 21 oct. 1818. 3e q.

13*

ecclésiastiques, et qu'il s'en occupe dans un des établissemens qui y sont consacrés (1). *Néanmoins ceux qui, dans quelque institution que ce soit,* auraient participé aux secours du diocèse pour les frais de leur éducation, peuvent aussi prétendre à l'autorisation de continuer leurs études, et par conséquent à la dispense (2).

II. Les cultes chrétiens, non catholiques, dont les ministres sont salariés par l'État, sont, aux termes de la loi du 8 germinal an 10, les cultes *calvinistes* et *luthériens.*

Pièces à fournir.

III. *Pour les catholiques.*

Si le réclamant a reçu les ordres sacrés, certificat de l'évêque qui les a conférés, légalisé par le préfet.

Dans le cas contraire, certificat de l'évêque diocésain, légalisé par le préfet, et constatant que le réclamant se destine à l'état ecclésiastique, et qu'il a été régulièrement autorisé à continuer ses études.

IV. *Pour les autres cultes.*

Un certificat des chefs de consistoires, légalisé par le préfet, constatant que le réclamant se destine au ministère de ce culte, qu'il a été régulièrement autorisé à continuer ses études, et qu'il est en cours d'études.

(1) Circ. 28 mars 1820.
(2) Lettre du Min. de l'int. 18 mars 1820.

§ VI. — *Etudes universitaires.* — *Pièces à fournir.*

« 5°. Les élèves de l'école normale et les
« autres membres de l'instruction publique
« qui contractent, devant le conseil de l'uni-
« versité, l'engagement de se vouer pendant
« dix années à ce service.

« Cette disposition est applicable aux frères
« des écoles chrétiennes. »

I. L'école normale, telle qu'elle était or-
ganisée à l'époque de la loi, n'existe plus
maintenant : mais les dispositions précitées
doivent être appliquées, ce semble, à celle
qui existe actuellement, pourvu que l'engagement requis s oitcontracté.

II. *La dispense* pour ceux qui se vouent
pendant dix ans à l'instruction publique *est
applicable*,

Aux professeurs des facultés et des colléges
royaux;

Aux agrégés et maîtres élémentaires munis
de brevets d'emploi délivrés par les autorités
compétentes;

Aux maîtres d'études des colléges royaux,
qui ont une nomination délivrée par les
mêmes autorités;

Aux principaux et régens de colléges com-
munaux, également brevetés;

Aux instituteurs primaires, nommés et
approuvés suivant les formes voulues par les.

ordonnances en vigueur sur l'instruction publique (1).

Cette énumération donnée par le ministre n'est ni peut être limitative : la loi s'applique à tout *membre de l'instruction publique*; mais ces termes mêmes semblent indiquer (et c'est l'interprétation ministérielle donnée le 14 novembre 1823) que *ceux-là seuls* peuvent jouir du bénéfice de la dispense, *qui font partie du corps de l'université*. Ainsi, les chefs, professeurs et maîtres des maisons d'éducation particulières (*s'ils ne sont pas brevetés*), doivent suivre les chances du tirage (2).

III. *Les frères des écoles chrétiennes* doivent contracter leur engagement devant le conseil de l'université (3). L'engagement vaut pour *tous* les frères des écoles chrétiennes qui le souscrivent (4).

IV. *Cet engagement*, quel que soit celui qui le souscrit, *doit être pris avant* la publication de l'ordonnance qui fixe l'époque du tirage (5).

Pièces à fournir.

V. *Pour les professeurs des facultés et des colléges royaux.*

(1) Lettres du Min. de l'int. 8 avril 1818.
(2) Sol. 14 nov. 1823.
(3) Circ. 15 oct. 1818. 10e q.
(4) Circ. 11 juin 1819. 31e q.
(5) Circ. du conseil roy. d'inst. publ. 1er juin 1821.

Ampliation du brevet de nomination et certificat délivré par le recteur de l'académie, constatant l'engagement dont il a été parlé ci-dessus et attestant en outre que le réclamant exerce actuellement les fonctions de sa place.

VI. *Pour les agrégés et maîtres munis de brevets d'emploi, maîtres d'études des colléges, nommés par le conseil royal, principaux et régens des colléges.*

Mêmes pièces à fournir.

VII. *Pour les instituteurs primaires nommés et approuvés.*

Certificat de nomination delivré par le recteur ; certificat d'engagement , portant attestation que le réclamant exerce actuellement les fonctions de sa place.

VIII. *Pour les frères des écoles chrétiennes.*

Certificat constatant que le réclamant , membre de la congrégation des écoles chrétiennes, a contracté l'engagement.

§ VII. — *Elèves d'écoles.* — *Pièces à fournir.*

« 6°. Les élèves de langues :

« Les élèves de l'école polytechnique et des écoles de services publics;

« Les élèves des écoles spéciales militaires « et de marine ;

« Soit que lesdits élèves suivent encore leurs « études, ou aient été admis dans le service

« auquel elles préparent, sous la condition,
« etc. » (Voy. *dispositions générales, p.* 143).

I. Les instructions ministérielles ont établi,
sur ce point, les solutions suivantes.

II. *Sont admis à la dispense* les élèves des
écoles de services publics, telles que celles *des
ponts et chaussées et des mines* (1).

III. *Ne sont pas admis à la dispense* les
élèves

De l'école des mineurs,

De l'école forestière,

De l'école des arts et métiers (2),

Des écoles vétérinaires : cependant les
élèves de ces écoles (écoles vétérinaires) peuvent être admis à continuer leurs cours, sauf
à être incorporés, lors de leur sortie de l'é-
cole, comme soldats, s'ils ne sont pas employés comme vétérinaires, soit à la suite des
corps, soit dans les établissemens militaires (3).

Nous ne pouvons critiquer la décision ministérielle relativement à ces diverses écoles ;
car la loi spécifie celles auxquelles peut seulement s'appliquer la dispense : mais nous émet-
tons le vœu que les écoles de mineurs , etc, ,
puissent y participer également à cause de
l'utilité, pour certaines parties de l'ordre civil,
des citoyens qu'elles peuvent former.

(1) Lettre du Min. de l'int. 8 avril 1818.
(2) Circ. 14 fév. 1823 ; Sol. 20 août 1820, et 14 mars
1825.
(3) Déc. 20 nov. 1818.

IV. *Les chefs ou directeurs* des établissemens ou écoles de services publics doivent
donner connaissance aux préfets des motifs
pour lesquels les jeunes gens désignés pour
l'armée, mais dispensés en raison de leurs
études, professions ou emplois, les auraient
quittés avant le terme de la durée du service
de leur classe, ou de celui fixé par la loi (1).

Pièces à fournir.

V. *Pour les écoles des langues.*
Certificat délivré par le ministre des affaires
étrangères.

VI. *Pour les écoles polythecnique, des
ponts et chaussées et des mines.*
Ampliation du brevet de nomination, et
certificat de présence à l'école.

VII. *Pour les écoles spéciales militaires
et de marine.*
Certificat d'admission et de présence délivré par le commandant.

§ VIII. — *Grands prix.* — *Pièces à fournir.*

« 7°. Les jeunes gens qui auront obtenu
« un des grands prix décernés par l'institut
« royal, ou le prix d'honneur décerné par le
« conseil de l'université. »

(1) Circ. M. 13 mars 1820.

Pièces à fournir.

I. *Grand prix de l'université.*
Certificat délivré par la commission de l'instruction publique.

II. *Grand prix de l'institut.*
Certificat délivré par le ministre de l'intérieur, ou par le secrétaire perpétuel de l'académie qui a délivré le prix.

TITRE CINQUIÈME.

FORMATION ET CLOTURE DE LA LISTE DU CONTINGENT. — LIBÉRATIONS.

§ Ier. — *Opérations du conseil de révision.*

I. Après l'examen des exemptions et dispenses qui sera fait d'après les règles indiquées au titre précédent, les conseils de révision procéderont à la formation des listes du contingent, soit dans les cantons, soit dans les chefs-lieux d'arrondissement ou de département; mais, avant cette formation, ls devront s'occuper des formalités relatives aux jeunes gens absens du département qui ne se seraient point présentés, et à ceux qui auraient obtenu un délai ou auraient été renvoyés à la classe suivante.

§ II. — *Jeunes gens de la classe qui ne se sont point présentés devant le conseil de révision.*

I. Les jeunes gens résidant dans le département, qui ne comparaîtront pas devant le conseil de révision, ou qui n'auront fait connaître aucune cause légitime d'empêchement, ou n'auront pas fait présenter, pour établir leurs droits à l'exemption ou à la dispense, les pièces voulues par l'art. 13 de la loi, seront *déclarés bons pour le service*, si leurs numéros de tirage sont compris dans la désignation (1).

II. Les conseils de révision doivent néanmoins examiner soigneusement si les absens ne sont point dans un des cas d'exclusion spécifiés par l'art. 2 de la loi (voy. page 1re et suiv.); car alors ils ne pourraient être compris dans le contingent (2).

III. *Les jeunes gens absens du département, dont la résidence actuelle sera connue*, se-

(1) I. M. 12 août 1818. Art. 87.
(2) *Id.*

14

ront visités par le conseil de révision du lieu où ils se trouvent ; en conséquence , le préfet du département où ils sont inscrits fera dresser pour eux une liste qui sera envoyée au préfet du département où la visite doit être faite ; cette liste sera conforme au modèle de la liste du tirage (1). Les jeunes gens absens susceptibles, par leurs numéros de tirage, d'être compris dans le contingent, doivent seuls être inscrits sur cette liste (2).

IV. Le préfet qui aura reçu la liste indiquée dans le numéro ci-dessus, fera donner à ceux qu'elle concerne, l'ordre de se présenter sous huit jours, à partir de la notification administrative dudit ordre , devant le conseil de révision qu'il préside , pour y être examinés ; le résultat de cet examen sera inscrit sur la liste.

Dans le cas où ces jeunes gens n'auraient pas comparu au jour fixé , ils seront notés comme étant bons pour le service ; et la liste sera renvoyée, sans délai, au préfet du département du domicile , lequel en fera transcrire les annotations sur les listes de tirage (3).

V. Les conseils de révision des départemens où la liste aura été envoyée consacreront leurs premières séances à l'examen des hommes portés sur cette liste. Ils devront s'assurer de

(1) *Id*. Art. 88.
(2) Sol. 27 nov. 1818.
(3) I. M. 12 août 1818. Art. 89.

l'identité de ceux qui se présenteraient devant eux.

Dans le cas où ces jeunes gens auraient à faire valoir des droits à l'exemption ou à la dispense, les conseils ne *s'occuperont que* des motifs d'exemption pour défaut de taille ou infirmités, les autres motifs étant réservés au conseil de révision des domiciles respectifs de ces jeunes gens (1).

VI. Les conseils feront leurs diligences pour que le résultat de toutes ces visites puisse être connu dans le département du domicile, quinze jours avant celui fixé pour la clôture de la liste départementale du contingent (2).

§ III. — *Délais accordés.* — *Renvois à la classe suivante.*

I. Le conseil de révision pourra, au besoin, accorder des délais aux jeunes gens de la classe qui auront été convoqués, pour faire constater leurs infirmités, ou pour produire les pièces destinées d'après la loi, à établir leurs droits à l'exemption ou à la dispense.

Ces délais seront fixés de manière à ce qu'ils ne se prolongent jamais au delà du jour qui aura été arrêté pour la clôture de la liste du contingent (3).

(1) Sol. 9 juin 1820.
(2) C. M. 4 mai 1819.
(3) I. M. 12 août 1818. Art. 91.

II. *Le conseil de révision renverra à la classe suivante*, conformément à l'art. 10 de la loi, les jeunes gens omis sur les tableaux de recensement ou sur la liste de tirage que l'on serait parvenu à découvrir dans le cours des opérations (1), lors même qu'ils auraient évidemment droit à l'exemption ou à la dispense.

Il doit renvoyer également les jeunes gens des classes précédentes, ou de la classe de l'année, qui n'auraient pas été inscrits sur les tableaux de recensement et dont l'existence aurait depuis été constatée (2).

Seront aussi renvoyés à la classe suivante, les jeunes gens appartenant à cette classe par leur âge, et qui par erreur auraient été compris sur les tableaux de l'armée ; ce renvoi aura lieu, quels que soient les numéros qu'ils aient obtenus (3).

III. *Il n'y aurait pas lieu au renvoi* à la classe suivante, si des jeunes gens avaient été rayés des tableaux après avoir concouru au tirage, et s'ils se trouvaient porteurs de numéros élevés et à comprendre dans la libération (4).

IV. *Les renvois* à la classe de l'année suivante seront prononcés par le conseil, immédia-

----

(1) *Id.* Art. 92.
(2) C. M. 30 mai 1820. 7ᵉ q.
(3) Sol. 4 janvier 1819.
(4) C. M. 30 mai 1820. 7ᵉ q.

tement avant la clôture de la liste du contingent.

§ IV. — *Formation de la liste des chefs-lieux d'arrondissemens et de cantons.*

I. Si, après avoir examiné les jeunes gens convoqués pour concourir à la formation du contingent, les pièces et autres documens fournis au conseil l'ont mis à même de prononcer définitivement sur les motifs d'exemption, il annoncera, séance tenante, la libération de tous les jeunes gens du canton qui ne se trouveront point appelés à faire partie du contingent cantonal (1).

II. Dans le cas où les pièces ou documens à fournir au conseil par des jeunes gens qui prétendraient à l'exemption, ou qui auraient fait des réclamations dont la décision dépend de jugemens à intervenir, ne permettraient pas au conseil de prononcer définitivement, il comprendra conditionnellement et provisoirement, comme pouvant être appelés à la formation du contingent cantonal, un nombre de jeunes gens double de ceux qui auront donné lieu à des décisions provisoires (2).

Les jeunes gens à mettre en réserve, dans

(1) I. M. 12 août 1818. Art. 94.
(2) *Id.* 95.

14*

ce cas, *seront pris* dans l'ordre des numéros du tirage du canton (1).

IV. S'il y avait des absens, dont l'existence fût incertaine, le conseil, pour ne pas établir de non-valeurs dans le contingent, pourra les rayer des listes, afin qu'ils soient renvoyés, s'il y a lieu, aux classes suivantes, et les remplacer par les numéros subséquens (2).

V. La position des *jeunes gens détenus ou absens* ne pouvant être connue que par la communication du résultat de leur examen au lieu de leur résidence, le conseil ne peut dans sa tournée prononcer définitivement à leur égard; il doit mettre en conséquence *deux numéros en réserve* pour chacun de ces détenus ou absens (3).

VI. *Deux numéros au moins* doivent aussi être mis en réserve, *par chaque canton*, pour les jeunes gens qui viendraient à décéder ou à acquérir des droits à l'exemption dans l'intervalle de la tournée du conseil et de la clôture de la liste départementale du contingent (4).

VII. Il importe que les sujets mis en réserve n'aient aucun droit à l'exemption; un examen supplémentaire doit avoir lieu à ce sujet (5).

(1) *Id.*
(2) Sol. 25 nov. 1818.
(3) C. M. 30 mai 1820. 6e q.
(4) *Id.*
(5) C. M. 11 juin 1819. 34e q.

Ces jeunes gens ne doivent pas être désignés pour remplacer tel ou tel individu, mais pour être appelés à remplacer, solidairement et dans l'ordre de leurs numéros, les hommes du canton qui ne seraient pas admis dans le contingent (1).

VIII. Après ces opérations, le conseil annoncera la libération de tous les jeunes gens porteurs de numéros plus élevés que le dernier de ceux qui auront été mis en réserve (2).

§ V. — *Formation de la liste départementale du contingent.*

I. Le conseil de révision, étant de retour au chef-lieu de département, procédera successivement à l'examen des réclamations des jeunes gens à qui il aura été accordé des délais pour établir leurs droits à l'exemption; *il prononcera définitivement* à leur égard, et arrêtera la liste du contingent de chaque canton, conformément à l'art. 17 de la loi (3).

II. Ses décisions devront également être définitives à l'égard des jeunes gens faibles de constitution ou atteints de maladies accidentelles et de ceux soupçonnés de feindre des maladies ou de s'être procuré des plaies arti-

(1) Sol. 15 sept. 1819.
(2) I. M. 12 août 1818. Art. 95.
(3) *Id.* Art. 96.

ficielles. Le conseil prononcera leur réforme définitive, ou les déclarera propres au service, si d'après l'avis des gens de l'art il estime que l'on doive compter sur leur entière guérison (1).

III. Le conseil de révision réunira les listes du contingent de tous les cantons et en formera une liste unique qui sera appelée *liste départementale du contingent*. L'inscription des jeunes gens de la classe sur la liste départementale aura lieu par canton, dans l'ordre alphabétique de ces cantons; ces jeunes gens y seront portés dans l'ordre de leurs numéros de tirage. La liste départementale indiquera d'une manière précise la taille des jeunes gens qui y seront inscrits (2).

IV. Les jeunes gens appelés qui auront été dispensés du service militaire, en vertu de l'art. 15 de la loi, n'en seront pas moins portés sur la liste départementale du contingent, ainsi que ceux qui auraient déjà fait admettre des substituans ou des remplaçans. L'inscription de ces derniers sera toujours accompagnée de l'indication des noms de ceux qui doivent marcher à leur place (3).

Mais cette inscription ne devra être faite qu'autant que ces jeunes gens seraient placés

(1) C. M. 21 octobre 1818.
(2) I. M. 12 août 1818. Art. 97.
(3) *Id.* Art. 98.

dans le contingent par leurs numéros de tirage (1).

V. Le conseil doit veiller à ce qu'on inscrive sur la liste départementale, *comme bons pour le service*, 1° les absens dont l'existence a été jugée notoire, ou qui n'ont pas été exclus d'après l'art. 2 de la loi, si toutefois ces absens n'ont pas fait jusqu'alors justifier de leurs droits à l'exemption ou à la dispense ;

2° Les hommes présens dans le département, qui auraient obtenu des délais pour justifier de leurs droits et qui n'auraient pas encore produit les pièces à exiger d'eux pour l'établissement de ces droits ;

3° Les hommes compris dans le contingent, qui seraient détenus et non encore jugés, ou qui auraient été condamnés à de simples peines correctionnelles (2).

VI. *Si un homme s'était mutilé volontairement*, le conseil ferait à la liste départementale l'annotation suivante : « Le conseil s'est convaincu que le nommé N...., s'est mutilé ou fait mutiler volontairement, pour se soustraire aux obligations que la loi lui impose (3). »

VII. Les jeunes gens qui auraient fait des réclamations dont l'admission ou le rejet dépendrait de jugemens à intervenir, n'en seront

(1) *Id.* Art. 86.
(2) Sol. 24 nov. 1818.
(3) C. M. 11 juin 1819. 27e q.

pas moins portés sur la liste du contingent; une annotation fera connaître que leur inscription sera annulée dans le cas où leurs réclamations auraient été jugées fondées (1).

Cette disposition est applicable aux absens comme aux présens.

VIII. Le conseil qui, ainsi qu'il a été dit ci-dessus, aura dû mettre en réserve un nombre de jeunes gens double de ceux qui ont fait des réclamations devant les tribunaux, n'appellera conditionnellement, pour faire partie du contingent, qu'un nombre égal à celui des réclamans, pour lesquels les tribunaux n'auraient pas encore statué au moment de la clôture de la liste départementale. Les jeunes gens ainsi appelés par supplément seront inscrits à la suite de la liste départementale, et leur inscription sera séparée de celle des autres gens appelés, par les mots suivans : *Supplément à la liste départementale du contingent* (2).

IX. *Le conseil de révision ne peut*, sous aucun prétexte, *au moment de la clôture de la liste départementale* du contingent, laisser des numéros en réserve autres que ceux qui sont appelés conditionnellement, en vertu de l'article 16 de la loi, pour remplacer, au besoin, dans le contingent, les jeunes gens qui ont fait des réclamations dont l'admission

_____

(1) I. M. 12 août 1818. Art. 99.
(2) *Id.* Art. 100.

ou le rejet dépend des décisions judiciaires à intervenir. Tout autre appel supplémentaire au moment de la clôture de la liste départementale serait une violation de la loi (1).

X. Les jeunes gens seront inscrits au *supplément de la liste du contingent*, d'après l'ordre des numéros du tirage.

Le supplément de la liste devra être établi par canton, de manière que les suppléans soient exclusivement pris dans les cantons des suppléés, et que les cantons dans lesquels il n'y aura pas eu de réclamans, n'aient aucun suppléant inscrit conditionnellement.

En conséquence des règles précédentes, la liste départementale du contingent comprendra un nombre d'hommes égal à celui qui est demandé au département, et le supplément comprendra un nombre d'hommes égal à celui des jeunes gens qui se seront mis en réclamation devant les tribunaux (2).

XI. *La liste départementale* du contingent *sera arrêtée* et signée par tous les membres du conseil présens à la séance. Il en sera fait immédiatement une lecture publique, après quoi, deux expéditions vérifiées et signées par les membres seront remises au sous-intendant militaire (3).

(1) C. M. 11 juin 1819. 35e q.
(2) I. M. 12 août. Art. 101 et 102.
(3) Id. Art. 103.

§ VI. — *Publication des derniers numéros
appelés. — Libération définitive, pour tous
les cantons, des jeunes gens non compris
dans le contingent.*

I. Dans la séance même où la liste départementale du contingent aura été arrêtée et signée, le président proclamera le dernier numéro appelé de chaque canton. Il déclarera que tous les jeunes gens qui ont des numéros de tirage plus élevés que ce dernier numéro sont définitivement libérés conformément à la loi (1).

II. *Cette déclaration*, avec l'indication du dernier numéro compris dans le contingent cantonal, *sera publiée* et affichée dans chaque commune du canton (2).

III. *Dès qu'il aura été statué par les tribunaux* sur les questions mentionnées en l'art. 16 de la loi, le conseil, d'après leur décision, prononcera de la même manière la libération ou des réclamans, ou des jeunes gens conditionnellement désignés pour les suppléer (3).

IV. Si parmi les jeunes gens mis en réserve, il s'en trouve qui aient droit à l'exemption ou à la dispense, et si, lors de la libération, leurs

(1) *Id.* Art. 104.
(2) Loi du 10 mars 1818. Art. 17.
(3) *Id.*

numéros, parmi ceux mis en réserve, n'ont pas été atteints, ils seront considérés non comme exemptés ou dispensés, mais comme libérés; et par conséquent la libération ne pourrait pas être opposée au frère du libéré, s'il venait à invoquer le bénéfice de l'art. 14 de la loi (1).

V. Dans aucun cas, et lors même qu'il s'agirait de remplir un vide dans le contingent, le conseil de révision ne peut revenir sur les libérations prononcées (2).

VI. Le conseil de révision fera remettre aux sous-préfets des bulletins indiquant le dernier numéro appelé dans chacun des cantons de leurs arrondissemens respectifs. Ces bulletins feront connaître les motifs de chaque appel fait conditionnellement, et il y sera dit que tous les jeunes gens qui ne sont pas compris sur la liste du contingent, ont été déclarés, conformément à la loi, par le conseil de révision (3).

VII. Les sous-préfets transmettront des extraits des bulletins qu'ils auront reçus aux maires des communes composant les cantons de leur arrondissement. Les extraits destinés aux communes du même canton indiqueront le dernier numéro appelé dans ce canton, et rappelleront la libération prononcée pour tous

(1) C. M. 11 juin 1819. 34° q.
(2) Sol. 7 et 11 déc. 1818.
(3) I. M. 12 août. Art. 105.

les jeunes gens porteurs de numéros supérieurs à ce dernier numéro appelé.

Ces bulletins seront, à la diligence des maires, affichés de la même manière que la liste du tirage (1).

VIII. *L'administration ne peut refuser* aux jeunes gens libérés *les certificats de libération* qu'ils demanderaient : ces certificats peuvent être délivrés par le maire avec le visa du sous-préfet (2).

§ VII. — *Listes d'émargement.*

I. Lorsque le conseil de révision se sera assuré que toutes les décisions qu'il a prises concernant les jeunes gens de la classe, ont été annotées sur les deux expéditions de la liste du tirage, il ordonnera le renvoi aux sous-préfets de l'une des ces expéditions (3).

II. *Le préfet fera extraire des listes du tirage,* pour chaque commune, *une liste dite d'émargement,* où seront transcrites toutes les décisions prises par le conseil concernant les jeunes gens examinés, et qui se terminera pour chaque canton, au dernier numéro de ce canton porté sur la liste départementale (4).

III. *Les sous-préfets transmettront* la liste

(1) *Id.* Art. 106 et 107.
(2) Déc. 12 octobre 1818.
(3) I. M. 12 août 1818. Art. 109.
(4) *Id.* Art. 110.

d'émargement aux maires de leur arrondissement. *Cet envoi aura lieu*, dans le mois qui
suivra celui de la clôture de la liste départementale.(1).

IV. *Les maires*, après en avoir reporté tex-
tuellement les annotations sur le tableau de
recensement, la *feront afficher* à l'endroit où
auront déjà été affichés les tableaux de recensement et la liste du tirage.

Ils doivent avoir soin de noter sur les tableaux de recensement, comme étant définitivement libérés, les jeunes gens de la commune qui, d'après leurs numéros de tirage,
se trouvent compris dans la libération procla-
mée en vertu de la loi (2).

(1) *Id.* Art. 111.
(2) *Id.*

TITRE SIXIÈME.

DES SUBSTITUTIONS ET DES REMPLACEMENS.

SECTION Ire.— DES SUBSTITUTIONS OU ECHANGES DE NUMÉROS.

I. La *substitution* est l'échange de numéros entre les jeunes gens du même tirage (1).

II. Les substitutions ne peuvent avoir lieu qu'entre les jeunes gens de la même classe et du même canton. Elles peuvent se faire entre des jeunes gens de taille différente, si, d'ailleurs, le substituant est jugé, par le conseil de révision, avoir les qualités requises nous faire un bon service (2).

III. Les substitutions ne peuvent être admises que par le conseil de révision du département où les substitués ont leur domi-

(1) Art. 18 de la loi.
(2) I.M. 12 août 1818. Art. 113 et 114.

cile ; et cette disposition doit être suivie, lors même que le substitué est absent de ce département (1).

Le conseil de révision doit s'assurer du consentement des parties et entendre préalablement le sous-intendant militaire dans ses observations.

IV. Il sera dressé acte de la substitution : le signalement du substituant y sera soigneusement établi. Copie de cet acte devra être délivrée au sous-intendant militaire et aux parties, si elles en font la demande (2).

V. Le sous-intendant militaire fera dresser une liste particulière des hommes qui auront été admis comme substituans, et il remettra cette liste, vérifiée et signée par lui, au commandant du corps. Les substituans devront être portés sur la liste particulière, dans l'ordre où seront inscrits, sur la liste départementale du contingent, les jeunes gens qu'ils substituent (3).

VI. Les substitutions ne seront admises que jusqu'au moment de la clôture de la liste départementale du contingent (4). Le préfet fera connaître, à l'avance, aux jeunes gens de la classe appelée, le jour précis à partir duquel ils ne seront plus admis à échanger leurs numéros. (Circul. 18 février 1820.)

(1) *Id.* Art. 125.
(2) C.M. 11 juin 1819. 37ᵉ q.
(3) I.M. 12 août 1818. Art. 126, 127, 134, 135, 136.
(4) *Id.* Art. 124.

15*

VII. Le substitué, en cas de désertion dans l'année, n'est soumis à aucune responsabilité (1).

VIII. *Un jeune homme dispensé*, en vertu de l'art. 15 de la loi (c'est-à-dire pour engagement volontaire, ou pour causes d'études universitaires ou religieuses, etc.) *peut-il céder son numéro* de tirage, et effectuer ainsi une substitution avec un autre jeune homme du même canton ?

L'inst. min. du 11 juin 1819 (38e q.) répond ainsi : « Le conseil doit examiner si ce jeune homme peut abandonner le service public auquel la dispense est attachée, et il résulte de l'art. 3 de la loi, et du principe dont les art. 10 et 11 de l'inst. du 20 mai 1818 sont les conséquences, qu'en ce qui concerne le service de terre et de mer, la question se résout négativement pour les engagés volontaires et les inscrits maritimes ; car ils ne sont exempts qu'en raison d'un service qu'ils sont tenus de continuer ; quant aux autres dispensés, et aux hommes exemptés pour d'autres motifs que pour défaut de taille ou infirmités, il est convenable qu'en les admettant pour substituans, le conseil s'assure qu'ils renoncent à l'exemption ou à la dispense, et cette renonciation doit être exprimée au procès-verbal de la séance, et dans l'acte de substitution. »

____

(1) *Id.* Art. 113.

IX. *Entre frères*, le remplacement est considéré, quant à ses effets, comme substitution ; en conséquence, il n'y a pas de responsabilité (1).

SECTION II. — DES REMPLACEMENS.

§ 1. Des remplacemens avant la mise en activité.

§ 2. Des remplacemens dans les corps.

§ 3. Dispositions générales.

§ 1. *Des remplacemens avant la mise en activité.*

I. Les jeunes gens définitivement appelés à faire partie du contingent peuvent se faire remplacer (2).

II. Les remplacemens peuvent avoir lieu, *soit avant*, *soit après* la clôture de la liste départementale du contingent (3), mais non après la mise en activité. Les préfets devront faire connaître, à l'avance, aux jeunes gens appelés, le jour précis à partir duquel les remplacemens ne seront plus admis. (C. M. 18 fév. 1820.)

III. Le jeune soldat est réputé en état d'activité, dès que le préfet lui a fait notifier

(1) Art. 123.
(2) Art. 18 de la loi.
(3) I. M. 12 août 1818. Art. 124.

la lettre adressée par le ministre de la guerre, après avoir reconnu que cette lettre a été expédiée régulièrement, et dans l'ordre des numéros du tirage. *Toute demande postérieure* à cette notification *ne peut être accueillie* par le conseil de révision, *sans une autorisation spéciale* du ministre (1).

Conditions à exiger du remplaçant. — Quels peuvent remplacer et être remplacés. — Responsabilité du remplacé. — Formalités.

I. Le remplaçant ne devra pas avoir plus de *trente ans*, ou de *trente-cinq*, s'il a déjà servi (2) : c'est au jour même du remplacement devant le conseil de révision que l'âge se compte (3).

La taille exigée est au moins celle d'un mètre 570 millimètres.

II. *Le remplaçant devra justifier* : 1° de son âge ; 2° de la jouissance de ses droits civils ; 3° de ses bonnes vies et mœurs.

Le remplaçant ne pourra recevoir un certificat de bonnes vie et mœurs, s'il ne réside depuis six mois dans la commune où il le re-

______

(1) C. M. 11 juin 1819. 45ᵉ q.
(2) Art. 18 de la loi.
(3) Sol. 4 déc. 1818.

clame. Cependant si c'est un militaire libéré du service actif, et s'il se présente comme remplaçant dans les trois mois qui suivent la date de son congé, ce congé lui servira de certificat. S'il se présente après les trois mois, mais avant l'expiration du sixième, il devra se munir d'un certificat de bonne vie, qui lui sera délivré, s'il y a lieu, quoiqu'il ne justifie pas de six mois de résidence dans la commune ; s'il se présente après les six mois, il est assujetti aux règles ordinaires (1). (V. p. 27.)

Ce certificat ne pourra être délivré aux hommes sortant des compagnies de discipline ou de pionniers (2).

Le certificat doit être d'une date récente, et contenir le signalement du porteur. Le porteur devra, de plus, être muni d'un certificat d'identité, signé par deux pères de famille connus dans le département (3).

III. *Le remplaçant devra justifier en outre* de sa libération du service actif. Cette preuve se fera au moyen d'un certificat délivré, ainsi qu'il a été dit plus haut pour les engagemens volontaires (4). (*Voy.* titre 1ᵉʳ, p. 27).

IV. Nul ne sera admis comme remplaçant, s'il n'a pas satisfait lui-même à la loi du recrutement (5) ; ainsi, *celui qui aurait été*

(1) Déc. 7 nov. 1821. C. M. 17 déc 1824.
(2) Sol. 20 mai et 1ᵉʳ sept. 1820.
(3) C. M. 4 mai 1819 et 16 mars 1821.
(4) Inst. 12 août 1818. Art. 138.
(5) *Id.* Art. 117.

lui-même remplacé ne pourrait se présenter comme remplaçant, avant l'expiration de l'année pendant laquelle il est soumis à la responsabilité imposée par l'art. 18 de la loi, car il est encore exposé à marcher pour son propre compte (1).

Il en est de même (et pour ceux-ci, la prohibition n'est pas seulement temporaire, mais définitive) *des individus qui n'ont été dispensés que conditionnellement* ; attendu qu'ils sont tenus de servir pour leur propre compte, du moment où ils abandonnent le service public, en considération duquel la dispense leur a été accordée (2).

VI. On a vu tout à l'heure que le remplaçant était tenu de justifier qu'il avait satisfait à la loi du recrutement ; cette disposition cesse d'avoir son effet, *lorsque le remplaçant est le frère* puîné ou l'un des frères puînés du jeune soldat : il suffit alors que le remplaçant ait dix-huit ans , et qu'il fasse les autres justifications nécessaires (3).

L'exception que nous indiquons dérive du principe même de la loi. Un remplacement de cette nature n'est, en quelque sorte, qu'une cession que le frère puîné fait à son aîné du bénéfice de l'exemption qui (art. 14 de

____

(1) C. M. 11 juin 1819. 41e q.
(2) C. 11 juin 1819. 40e q.
(3) *Id.* 39e q.

la loi, § 4) peut ultérieurement lui écheoir, dans le cas de l'appel de son propre numéro de tirage.

Dans ce cas, comme nous le disions plus haut, le remplacement est considéré comme substitution, *et il n'y a pas lieu à responsabilité.*

VII. Si le conseil de révision recevait à l'avance le *remplacement d'un homme qui ensuite serait admis à l'exemption*, le remplacement serait nul (1) ; dans ce cas, le préfet doit en référer au ministre de la guerre qui, s'il y a lieu, donne les ordres nécessaires pour dégager du service le remplaçant ; ou pour l'autoriser à rester sous les drapeaux, pour le compte d'un autre jeune homme appelé (2).

VIII. *Tout individu appelé peut se faire remplacer : il y a toutefois une exemption* à l'égard de celui qui lui-même est remplaçant. Il ne peut se faire remplacer qu'après l'expiration de la responsabilité à laquelle la loi soumet celui qu'il représente, à moins que celui-ci ne consente à ce remplacement secondaire : dans ce cas, *le premier remplacement est considéré comme nul*, et celui qui a donné son consentement reste responsable du nouveau remplaçant (3).

____

(1) Sol. 19 février 1819.
(2) Sol. 22 mars 1822.
(3) C. M. 11 juin 1819. 41. q.

IX. *Le remplacé sera*, pour le cas de désertion, *responsable* de son remplaçant *pendant un an*, à compter du jour de l'acte passé devant le préfet, et signé par lui. *Il sera libéré si*, dans l'année, le remplaçant est arrêté ou meurt en état de désertion (1), ou meurt sous les drapeaux (2) : *il sera également libéré, si* le remplaçant, une fois admis, meurt avant son incorporation, ou est réformé, pour un motif quelconque, à son arrivée au corps (3).

X. *Si un remplaçant déserte dans la première année*, le conseil d'administration en donnera avis aussitôt au sous-intendant militaire du département où le remplacement a eu lieu. Le sous-intendant militaire en informera le préfet, qui notifiera cet avis au remplacé, et le signalement du déserteur sera envoyé à la gendarmerie, pour que la poursuite publique soit exercée conformément aux règlemens sur la désertion. La même marche sera suivie pour les avis à transmettre, *si le déserteur n'est pas arrêté dans le courant de l'année* pendant laquelle le remplacé est responsable : le conseil d'administration en informera le préfet par l'intermédiaire du sous-intendant militaire. Dans ce cas, *le préfet enjoindra au remplacé de partir dans*

(1) Sol. 26 mai 1820.
(2) Art. 18 de la loi.
(3) Inst. 12 août 1818. Art. 120.

le délai de quinze jours, *à compter* de celui où cette injonction lui sera parvenue (1). *Si le remplacé demande à fournir un second homme*, le conseil de révision statuera sur cette demande, et pourra accorder au réclamant un délai qui, dans aucun cas, ne sera de plus de quarante jours. Le préfet informera le sous-intendant militaire du département des ordres qui auraient été notifiés, et du délai qui aurait été accordé au remplaçant, et le sous-intendant fera parvenir au corps les avis convenables (2).

Les formalités pour le second remplacement seront celles établies ci-dessus, et non celles relatives aux remplacemens dans les corps.

XI. Mais qu'arriverait-il, *si le remplaçant déserteur était arrêté après l'expiration de l'année* de responsabilité, et lorsque le remplacé serait entré au service ou aurait fourni un nouveau remplaçant? La loi et les instructions se taisent sur ce point; mais, d'après les principes, il est facile de voir que, dans ce cas, le remplacé, ou son nouveau remplaçant, serait libéré du service.

XII. Si *le remplacé, requis de marcher, ne peut invoquer d'autres motifs d'excuse et de dispense* que ceux qui résulteraient de ses

____

(1) Ainsi cette injonction ne peut être faite *qu'après l'expiration de l'année.* (Sol. 7 et 15 octobre 1819.)
(2) *Id.* Art. 121, 122.

infirmités. Dans ce cas, il est procédé à son égard comme à l'égard des hommes devenus infirmes, entre la clôture de la liste départementale et la mise en activité (1).

XIII. *Les remplacemens ne peuvent être admis* que par le conseil de révision du département où les remplacés ont leur domicile, lors même que ceux-ci seraient absens de ce département (2).

XIV. Le conseil de révision examinera avec la plus grande attention les hommes qui lui seront présentés comme remplaçans; il n'admettra que ceux qui seront reconnus avoir une constitution robuste, et être évidemment propres au service : il devra préalablement entendre le sous-intendant militaire dans ses observations (3).

Il sera donné lecture au remplaçant ainsi qu'au remplacé, s'il est présent, de l'art. 18 de la loi, qui détermine les conditions du remplacement, et il sera fait mention de cette formalité au procès-verbal de la séance (4).

XV. *Dès que le conseil de révision aura admis un remplaçant*, son signalement devra être pris, et il sera délivré au sous-intendant militaire en résidence dans le département une expédition littérale et authentique de la décision du conseil. Celui-ci fera dresser une

(1) Sol. 11 janvier 1820.
(2) Inst. 12 août 1818. Art. 125.
(3) *Id.* Art. 119.
(4) *Id.* Art. 120.

liste particulière des hommes qui auront été admis comme remplaçans avant ou après la clôture de la liste départementale ; et il remettra cette liste, vérifiée et signée par lui, au commandant du corps. Les remplaçans devront être portés sur cette liste dans l'ordre où seront inscrits, sur la liste du contingent, les jeunes gens qu'ils représentent (1).

XVI. *Si*, dans l'intervalle qui s'écoule entre l'admission d'un remplaçant et l'époque fixée pour sa mise en route, *le remplacé vient à mourir*, le remplaçant n'en est pas moins tenu de servir pendant tout le temps stipulé dans l'acte de remplacement (2).

XVII. Il est à remarquer que *les conseils de révision ont une grande latitude* pour les décisions à prendre relativement aux remplaçans ; ils peuvent refuser ceux qui semblent réunir les conditions exigées, mais que, dans leur conviction, ils ne croient pas offrir assez de garanties physiques et morales. Cela résulte, entre autres, des Circulaires des 4 mai et 21 juin 1819.

§ II. *Des remplacemens au corps.*

Les règles établies au paragraphe précédent s'appliquent aux jeunes gens qui se font rem-

(1) *Id* 126, 127, 134, 135, 136, et C. M. 11 juin 1819, 46ᵉ q.

(2) Déc. 21 nov. 1821.

placer avant leur mise en activité. Ceux qui sont mis en activité, ainsi que les soldats incorporés et sous les drapeaux, peuvent également se faire remplacer : mais les règles et les conditions sont différentes (1).

I. *Aucun militaire en activité de service*, dans un des corps de l'armée, *ne sera admis à se faire remplacer*, si des motifs graves ou des intérêts majeurs n'exigent son retour dans sa famille (2). La preuve pourra en être faite au moyen d'un certificat délivré par le maire de la commune du soldat.

II. *Les demandes de remplacement seront adressées* par les conseils d'administration, dans les cinq premiers jours de chaque mois, au ministre de la guerre, qui donnera, s'il y a lieu, l'autorisation de remplacement (3).

III. *Les demandes à envoyer au ministre seront accompagnées* :

1° Des pièces que le remplaçant aura dû produire (*Voy*. le n° suivant);

2° D'un certificat d'aptitude dressé par le conseil d'administration, et faisant connaître que, d'après la visite faite par un officier de santé du corps, le remplaçant présenté n'est atteint d'aucune infirmité, et qu'en outre les membres du conseil se sont assurés qu'il a la

(1) Sur ce point rien n'a été prévu par la loi : tout est encore fixé par les ordonnances et les circulaires.
(2) Inst. M. 3 décembre 1818, art. 1er.
(3) *Id*. Art. 1 et 4.

taille et qu'il réunit les conditions requises pour l'arme dont le corps fait partie. Ce certificat d'aptitude sera signé par les membres du conseil d'administration, et par l'officier de santé qui aura visité le remplaçant ; il sera visé, ainsi que les autres pièces dont il est parlé au présent numéro, par le sous-intendant militaire ayant la police du corps (1).

IV. *Le remplaçant ne doit pas* avoir plus de vingt-six ans révolus, qu'il ait déjà servi ou non : il ne doit pas être marié ; *il devra en outre :*

1° *Justifier* qu'il a été régulièrement congédié ou libéré du service, on qu'il a satisfait à la loi du recrutement ;

2° Produire son acte de naissance et un certificat de bonnes vie et mœurs, le tout ainsi qu'il est dit au titre des engagemens volontaire (*Voy*. pag. 27 et 177). Ce certificat devra énoncer en outre qu'il n'est pas marié ;

3° *S'obliger, s'il n'a pas servi* dans l'arme à laquelle appartient le remplacé, *à rester au corps deux ans* de plus que celui-ci ne devait y rester au moment du remplacement ; *s'il a servi dans la même arme*, il pourra être admis à finir le temps qui restera à faire au remplacé ; *mais ce* temps ne pourra être moindre de deux ans, quelle que soit l'époque du remplacement (2).

(1) *Id*. art. 5.
(2) *Id*. art. 2.

16*

V. *Le militaire* en activité de service qui aura été admis à se faire remplacer, *sera responsable* de son remplaçant, pour le cas de désertion, pendant une année (1).

VI. *Il versera dans la caisse du corps,* pour l'habillement et l'équipement de son remplaçant, la somme fixée (2) pour l'arme à laquelle il appartient. Il fournira en outre

(1) *Id.* art. 3.
(2) La somme à verser est fixée, savoir :

LIGNE.

Militaires de l'infanterie	100
Artillerie à pied et génie	120
Ouvriers du génie	150
Carabiniers	160
Cuirassiers	160
Dragons	140
Chasseurs	150
Hussards	200
Artillerie à cheval	150
Train d'artillerie et équipages	160

(Tableau annexé à l'inst. du 3 décembre 1818).

GARDE ROYALE.

Infanterie française	207	56
— Suisse	182	91
Artillerie à pied	228	82
Id. à cheval	396	03
Grenadiers à cheval	421	17
Cuirassiers	358	47
Dragons	392	24
Lanciers	387	07
Chasseurs	351	12
Hussards	450	61
Train d'artillerie	339	93

(Tableau dressé par décision du 27 octobre 1819.)

à son remplaçant un sac, ou porte-manteau garni d'effets de petit équipement, tels que le prescrivent les réglemens, ou bien verser à la caisse, au profit de la masse de linge et de chaussure, la somme déterminée suivant l'arme, par les mêmes règlemens.

Le versement ne doit pas avoir lieu lorsque le remplacement s'effectue *de frère à frère :* dans ce cas, le remplacement est considéré comme substitution (1).

VII. *Si*, d'après les motifs énoncés dans la demande, *le ministre a autorisé le remplacement*, le sous-intendant militaire, après s'être fait représenter l'ordre du ministre, et la quittance des sommes versées dans la caisse du corps, dressera l'acte de remplacement dont il délivrera une expédition au remplacé. Cet acte sera lu au remplaçant et au remplacé, et il sera signé par eux, ainsi que par le sous-intendant militaire ; sur le vu de l'expédition de l'acte de remplacement, le conseil d'admission du corps fera rayer le remplacé du registre-matricule et fera inscrire sur ce registre les nom et prénoms du militaire qui le remplace, le numéro sous lequel le remplacé était inscrit, la commune, le canton et le département où il se retire. Les actes de remplacement seront inscrits, par rang de dates, sur un registre destiné à cet effet, et qui restera aux archives de la sous-intendance (2).

(1) Sol. 28 juin 1821.
(2) Inst. 3 déc. 1818, art. 6 et 7.

Une seconde expédition de l'acte de remplacement sera envoyée, par le sous-intendant militaire qui aura dressé l'acte, au sous-intendant militaire en résidence dans le département où le remplacé a établi son domicile (1).

VIII. *Si le remplaçant déserte pendant l'année*, il en sera donné avis, par le chef du corps, au sous-intendant militaire en résidence dans le département où est situé le domicile du remplacé : celui-ci en notifiera l'avis au remplacé par l'intermédiaire des autorités locales, et il le préviendra qu'il sera tenu de fournir un autre homme ou de marcher lui-même, si le déserteur n'a pas rejoint le corps, ou n'a pas été arrêté dans le délai de trois mois, à partir du jour de la notification. A l'expiration de ce délai (2), le sous-intendant militaire transmettra au remplacé l'ordre de fournir un second remplaçant ou de marcher lui-même. Il informera en même temps le chef du corps de l'époque à laquelle le remplacé, ou le nouveau remplaçant, doit se trouver sous les drapeaux (3).

Si le remplacé se décide à fournir un nou-

(1) *Id.* Art. 7.

(2) Ainsi, il n'en est pas dans ce cas comme dans celui des remplacemens avant la mise en activité. Dans ce dernier cas, le remplacé n'est tenu de marcher qu'après l'expiration d'une année : dans celui-ci, au contraire, cette obligation peut lui être imposée même dans le cours de l'année.

(3) *Id.* Art. 6, 10 et 11.

véau remplaçant, *il devra*, ainsi qu'il a été dit, pourvoir de nouveau aux frais d'habillement et d'équipement : le nouveau remplaçant devra réunir les conditions énoncées ci-dessus (1).

Si dans le délai de trois mois, à dater de la notification, *le remplacé n'a pas fourni un nouveau remplaçant, ou ne s'est pas présenté lui-même au corps*, il sera signalé comme prévenu de désertion, et poursuivi comme tel.

Les dispositions sur la responsabilité des remplacés devront être exécutées autant de fois que la désertion aura eu lieu avant l'expiration, pour chaque remplaçant, du délai de trois mois. (Voy. 354.)

IX. *Il en sera usé aux époques des revues, pour les remplaçans comme pour les engagés volontaires.* En conséquence, l'inspecteur général devra se faire représenter tous les remplaçans admis depuis la dernière revue, afin de s'assurer qu'ils ont les qualités voulues par les règlemens. S'il s'en trouve qui lui paraissent incapables de faire un bon service, il les fera rayer des contrôles, et fera dresser, par le sous-intendant militaire, un procès-verbal de ses opérations, à l'effet de constater pour quels motifs il a prononcé la réforme; et si l'inaptitude des hommes provient de causes antérieures ou postérieures à leur admission

(1) *Id.* Art. 12.

au corps, à qui l'on doit imputer la faute de cette admission : s'il y avait eu fraude, il en serait fait mention. Ce procès-verbal sera adressé au ministre de la guerre ; mais *le remplacement sera toujours considéré comme définitif,* et le remplacé ne sera assujetti à aucune responsabilité. Le remplaçant sera, dans ce cas, renvoyé dans ses foyers ; et, à cet effet, il lui sera remis : 1° une copie de la décision de l'inspecteur général, écrite au dos de l'expédition de l'acte de remplacement ; 2° une feuille de route, portant indemnité de quinze centimes par lieue jusqu'à sa destination (1).

X. *Comptes à rendre.* A la fin de chaque trimestre, les chefs de corps enverront au ministre de la guerre un état destiné à faire connaître le nombre d'hommes qui sont en activité de service, en qualité de remplaçans (2).

§ III. *Dispositions générales. — Compagnies de remplacement.*

I. *L'administration doit s'interdire toute mesure restrictive dans ce qui tient aux stipulations des parties* entre elles, relativement aux remplacemens (3). Cependant elle doit veiller

(1) *Id. A.* 15 et 16.
(2) *Id.* 48.
(3) Circ. 14 août 1818.

à ce que l'entremise des tiers ne donne pas lieu à des abus, et employer tous les moyens que lui fournissent les lois et les règlemens généraux de police, pour réprimer les manœuvres des entremetteurs(1).

II. *Aucune entreprise, ayant pour objet le remplacement des jeunes gens appelés, ne peut exister qu'en vertu d'une autorisation accordée par le Roi* (2).

Une décision ministérielle, du 31 mai 1822, enjoint même aux conseils de révision de rejeter tout homme qui se présenterait comme remplaçant, et qu'ils sauraient avoir été procuré par une entreprise non autorisée.

Cette injonction, prévoyante dans son principe, puisqu'elle a pour but de maintenir l'exécution d'une ordonnance sage et protectrice, ne doit cependant, ce semble, être suivie dans toute sa rigueur : il y aurait par fois injustice, et le rejet du remplaçant est une clause pénale que le ministre n'a pas le droit d'ajouter à l'ordonnance. C'est aux conseils de révision qu'il appartient de décider si le remplaçant offre les garanties exigées. Le défaut d'autorisation, dans le cas dont il s'agit, ne suffit pas seul pour faire arguer de fraude les conventions particulières qui ont pu intervenir entre

(1) Déc. 25 janvier 1820.
(2) Ordonn. roy. 14 novembre 1821. Il n'est pas à notre connaissance qu'aucune encore ait été autorisée.

le remplacé et les personnes qui ont fourni le remplaçant; conventions que les tribunaux ont plusieurs fois reconnues, lors même que la compagnie, qui en demandait l'exécution, n'était pas pourvue d'autorisation (1).

Au reste, les jeunes soldats doivent se rappeler la solution ministérielle que nous venons de rapporter, et se mettre en garde contre les honteuses spéculations dont on ne voit que trop d'exemples.

TITRE SEPTIÈME.

SITUATION DES JEUNES GENS DU CONTINGENT DEPUIS LA CLOTURE DES LISTES JUSQU'A LA MISE EN ACTIVITÉ.

---

§ Ier. — *Des dépôts de recrutement.*

I. Les dépôts de recrutement, dont nous

(1) Voy. *la Gazette des Tribunaux* du 3 nov. 1828. Cependant un arrêt de la Cour royale de Besançon, du 20 avril 1825, a consacré le système contraire, et déclaré nulles des conventions intervenues entre un remplacé et une compagnie non autorisée.

ferons connaître en peu de mots la composition et les attributions, furent créés par une ordonnance royale du 26 octobre 1820 ; une seconde ordonnance du 10 mars 1825 porte (art. 1er et 3) que ces dépôts sont maintenus, que dans chaque département il y aura un dépôt de recrutement composé d'un capitaine commandant, de lieutenans, sous-lieutenans et sous-officiers : ce nombre devra être fixé chaque année, selon les besoins du service, par ordonnance du Roi.

II. *Les dépôts se composent de la manière suivante :*

Le ministre de la guerre nomme les commandans des dépôts (1) ; il peut désigner les lieutenans, sous-lieutenans et sous-officiers, et prendre ceux qu'il désigne dans les compagnies sédentaires et parmi ceux qui sont en non disponibilité ou en réforme (2).

Ceux qu'il désigne ne peuvent, sans son ordre, être rappelés à leurs corps respectifs.

III. A défaut de sujets désignés par le ministre, le lieutenant-général les choisit parmi les troupes qui tiennent garnison dans la division, mais seulement dans les corps à pied : il doit consulter les conseils d'administration de ces corps, et ne pas dépasser ni restreindre le nombre de membres indiqué sur le tableau annuel (3).

(1) Ord. 26 octobre 1820, 3.
(2) Ord. 10 mars 1825, 2.
(3) Ord. 26 octobre 1820, 4.

IV. Tous les officiers et sous-officiers, tirés de l'armée pour commander ou former les dépôts de recrutement, continueront néaumoins à compter dans leurs corps respectifs(1).

Ils pourront, d'après l'avis du commandant du dépôt, et sur les ordres du lieutenant-général, retourner dans leurs corps et revenir dans le dépôt, selon les besoins du service (2).

V. Si les régimens auxquels appartiennent ces officiers ou sous-officiers quittent le dépôt, ils doivent être remplacés aux dépôts de recrutement (3).

VI. Le capitaine de recrutement commande seul le dépôt.

Les lieutenans, sous-lieutenans et sous-officiers qui composent le dépôt sont sous ses ordres immédiats.

Le dépôt est sous les ordres du commandant-général (4).

§ II.—*Du registre-matricule départemental.*

I. Le préfet est tenu d'envoyer au sous-intendant militaire deux expéditions de la liste départementale du contingent : l'une de ces expéditions sera transformée par le sous-intendant militaire en *registre-matricule* : un

(1) I. M. 12 décembre 1820.
(2) C. M. 26 juillet 1821.
(3) Ord. 26 octobre 1820. 4 et I. M. 25 mars 1825, 1.
(4) C. M. 25 mai 1821, 12 décembre 1020, 3. Ord. 10 mars 1825, 1.

procès-verbal dressé au bas de cette expédition en fera foi.

II. Le sous-intendant militaire enverra, le jour même de la réception des deux expéditions, celle *transformée* en registre-matricule au capitaine de recrutement.

L'autre expédition restera dans les bureaux du sous-intendant militaire, qui en transmettra copie au maréchal-de-camp commandant la division (1).

III. *Le registre-matricule départemental sera ouvert pour chaque classe ; on y inscrira* comme *jeunes soldats* les hommes du contingent, y compris les remplaçans et les substituans, et on y annotera les mutations qui surviendront parmi eux (2).

IV. Le soin et la responsabilité de ces inscriptions sont imposés au capitaine de recrutement (3).

V. Le capitaine de recrutement, dès la réception de l'ordre qu'aura donné le général commandant, *tirera du registre-matricule départemental un extrait* en double expédition pour *chacune des communes* du département.

VI. *Cet extrait contiendra les noms* de tous les jeunes soldats non-dispensés (servant pour leur compte, remplaçans ou substituans)

(1) I. M. 25 mars 1825, 3 et C. M 12 juillet 1822.
(2) Loi du 10 mars 1818, Art. 19 et ord. 26 octobre 1820. Art. 5 , et I. M. 12 décembre 1820, 11.
(3) *Id.* 12.

de la commune à laquelle il est destiné : à la suite du nom, le capitaine de recrutement relatera, dans la première expédition, les dispositions des lois, ordonnances et instructions qui sont relatives *aux mariages*, *aux appels dans les communes* et *aux déplacemens des jeunes soldats* (1).

VII. Ces extraits seront transmis au préfet, qui les fera parvenir aux maires des communes pour lesquelles ils sont destinés (2).

VIII. Chaque maire *fera publier* et *afficher la première expédition* (*Voy*. n.° 7 ci-dessus) dans les formes voulues pour la publication des tableaux de recensement ; il certifiera sur la seconde le jour et le fait de la publication, et la transmettra au commandant de la brigade de gendarmerie (3).

IX. *Les commandans de brigade doivent veiller* à ce que dans toutes la circonscription de leurs brigades les extraits du registre-matricule départemental leur soient *envoyés* pour chaque commune, et les requérir au cas où ils leur manqueraient.

Si le signalement d'un jeune soldat n'existe pas sur l'extrait, le commandant de la brigade s'entendra avec le maire pour remplir cette lacune, et faire parvenir ce signalement par

(1) I. M, 25 mars 1825, 1.er.
(2) I. M. 25 mars 1825, 5.
(3) *Id.* 6.

l'intermédiaire de ses chefs au capitaine de recrutement (1).

X. Toutes les fois qu'après la remise au préfet, par le capitaine de recrutement, des extraits des registres-matricules, un jeune homme aura été immatriculé comme jeune soldat, soit par suite de remplacement ou de décisions prononcées par les tribunaux sur les réclamations qui leur auraient été soumises, soit par tout autre motif, le capitaine de recrutement en instruira le commandant de la brigade de gendarmerie, qui, par supplément, inscrira ce jeune homme sur l'extrait du registre-matricule départemental (2).

XI. Des formalités différentes doivent être remplies lorsque les *jeunes soldats inscrits au registre-matricule sont absens du département*. Alors le capitaine de recrutement doit en donner avis sur-le-champ à ses collègues des départemens où résident ces jeunes soldats, afin qu'ils fassent les diligences nécessaires pour constater leurs demeures et exercer sur eux la même surveillance que sur les jeunes soldats de leur département (3).

XII. *Pour faciliter cette opération*, les maires doivent, dès qu'ils ont connaissance qu'un jeune soldat étranger à leur commune y a fixé sa résidence, s'informer auprès du

(1) *Id* 8.
(2) *Id*. 10.
(3) *Id*. 9.

17*

chef de la brigade de gendarmerie si le jeune ..
soldat est inscrit sur le supplément de l'extrait
du registre-matricule : si la réponse est négative, il en donnera avis au préfet; le commandant de la brigade prendra le signalement et
les détails les plus exacts sur la commune, le
canton et le département auxquels il appartient, et enverra ce signalement au capitaine
de gendarmerie qui le transmettra au préfet.

Cet avis et ce signalement seront aussitôt
transmis au capitaine de recrutement (1).

XIII. Le capitaine de recrutement dressera
une feuille signalétique pour ce jeune soldat,
et la remettra au commandant de la brigade
de gendarmerie de la résidence de ce jeune
soldat : s'il a son domicile dans un autre
département, une seconde expédition de la
feuille signalétique sera dressée et envoyée au
capitaine de recrutement du département du
domicile (2).

§ III. — *Police et surveillance des jeunes soldats.*

I. Les jeunes soldats resteront dans leurs
foyers, et y seront assimilés aux militaires en
congé (art. 17 de la loi, § II). Ils sont sous
les ordres et sous la surveillance des officiers

(1) I. M. 25 mars 1825, 11.
(2) *Id.* 12.

généraux commandant les divisions et subdivisions (1).

II. Cette surveillance sera exercée, sans préjudice de celle que les lois et règlemens en vigueur attribuent aux préfets ou autres fonctionnaires publics (2).

III. Dans les départemens où ne réside pas l'officier-général commandant la subdivision, cet officier-général sera suppléé, pour tout ce qui concerne le recrutement, par le colonel délégué sur les lieux pour ce service (3).

IV. *La présence* des jeunes soldats non-encore appelés à l'activité et toutes *les mutations survenues* parmi eux, *seront vérifiées* dans des appels faits sur les lieux par les soins des autorités locales (4). A cet effet, *les maires réuniront*, une fois tous *les trois mois*, les jeunes soldats disponibles qui sont domiciliés ou résidens dans leurs communes ; ils procéderont sur le terrain à *l'appel nominal* de chacun d'eux (5). Le jour et l'heure de chaque revue trimestrielle sera désignée d'avance par le préfet, qui pourra indiquer ceux des jeunes gens qui, en raison de leurs emplois ou de leurs services journaliers, sont dispensés de se présenter. Ce jour et cette heure seront

(1) Ord. du 10 mars 1825, 1er.
(2) I. M. 25 mars 1825, 2.
(3) *Id.* 30.
(4) Ord. 10 mars 1825, 5.
(5) I. M. 25 mars 1825, 19.

indiqués huit jours à l'avance par le maire (1).

V. Dans les villes où il se trouvera des officiers ou sous-officiers de recrutement, l'un d'eux assistera à l'appel trimestriel. Dans les autres villes, ainsi que dans les communes rurales, un officier ou un sous-officier de gendarmerie sera présent à cet appel.

L'officier ou le sous-officier qui devra assister à la réunion trimestrielle sera porteur d'une feuille d'appel; *il notera* sur cette feuille *tous les absens*, prendra l'avis du maire sur ces absences, le consignera *et signera* la feuille *avec lui*.

VI. S'il y a lieu à faire des recherches à l'égard de ces jeunes gens, il y procédera de suite et transmettra le résultat de ses recherches avec la feuille d'appel au capitaine recrutement (2).

VII. Le capitaine de recrutement réunira toutes les feuilles d'appel qu'il aura reçues, et les transmettra avec ses observations, au préfet, qui, après avoir examiné les motifs d'absence des jeunes soldats, enverra au général commandant l'état nominatif de ceux qu'il aura reconnus susceptibles d'être punis par voie de discipline (3).

VIII. *Les jeunes soldats qui ne se présenteront pas*, sur l'ordre qu'ils en auraient reçu,

(1) *Id.* 20.
(2) *Id.* 21, 22, 23, 24 et 25.
(3) Ord. 10 mars 1825, 7, et I. M. 25 mars 1825, 27.

pourront être punis, par voie de discipline, d'un emprisonnement qui n'excédera pas quinze jours (1).

IX. Le ministre de la guerre indiquera l'époque et la durée des revues des jeunes soldats de chaque département; les revues seront passées au moins une fois l'an par les officiers de recrutement, sous l'ordre du général commandant : ils vérifieront les mutations survenues, et s'attacheront à constater la résidence des absens (2).

X. Les lieutenans-généraux commandant les divisions veilleront à la stricte exécution, pour ce qui concerne l'autorité militaire, de toutes les dispositions relatives aux jeunes soldats disponibles; ils se feront adresser de fréquens rapports sur la situation des jeunes soldats; ils pourront communiquer entre eux pour toutes les mesures de surveillance. A la fin de chaque trimestre, et avant le 10 du mois qui suivra le trimestre, les lieutenans-généraux enverront au ministre de la guerre le résumé des rapports qu'ils auront reçus sur la situation des jeunes soldats disponibles (3).

(1) Ord. 10 mars 1825, 6.
(2) I. M. 25 mars 1825, 28.
(3) *Id.* 31.

§ IV. — *Situation des jeunes soldats. — Formalités qui s'y réferent. — Mariages. —
Absences. — Sursis. — Engagement avant
la mise en activité.*

I. Les jeunes soldats qui seraient inscrits
sur les contrôles de la garde nationale en
seront rayés comme appartenant à l'armée
active (1). Ils sont considérés comme des militaires en congés, et à ce titre ils ont droit,
lorsqu'ils sont envoyés aux hôpitaux, à y recevoir, aux frais du gouvernement, les mêmes
allocations que les militaires incorporés (2).

II. *Les règlemens militaires relatifs au
mariage* des sous-officiers et soldats *sont applicables aux jeunes soldats*, encore qu'ils
n'aient pas été mis en activité. En conséquence,
tout jeune soldat qui voudra se marier sera
tenu d'en faire la demande aux maréchaux-
de-camp commandant les subdivisions, et, à
leur défaut, aux colonels désignés pour le
recrutement. Ces demandes seront remises au
maire du domicile du jeune soldat, qui les
fera passer au préfet : le préfet les transmettra à l'officier-général ou supérieur, après
y avoir inscrit son avis, s'il le juge convenable.

III. Les maréchaux-de-camp rendront

(1) I. M. 21 octobre 1814, 147.
(2) Déc. 12 juin 1819.

compte au lieutenant-général commandant la division de toutes les déterminations qui auront été prises sur les demandes d'autorisation de mariage : ils donneront avis des autorisations accordées au sous-intendant militaire, ainsi qu'au capitaine de recrutement (1).

IV. *Ces formalités ne sont point imposées aux jeunes gens* qui n'ont pas encore été immatriculés, aux dispensés, substitués ou remplacés, ni enfin à ceux pour lesquels le Roi aurait suspendu l'effet de ses ordonnances de mise en activité (2).

V. *Les jeunes soldats qui auraient à s'absenter* de leur arrondissement de sous-préfecture pour plus de quinze jours, *devront* en faire la déclaration devant le maire de leur commune, et ils indiqueront le lieu où ils se proposent d'aller; le maire prendra note de cette déclaration et la transmettra au préfet (3).

Si le lieu où veulent se rendre les jeunes soldats qui s'absentent pour plus de quinze jours est hors du département, ils ne pourront se mettre en route sans une permission du maire, autorisé à cet effet par le préfet spécialement ou par un ordre général, selon que cet administrateur le jugera convenable, suivant les localités et les besoins de l'agriculture ou de l'industrie.

(1) I. M. 21 octobre 1818, 156, et circ. 30 décembre 1820.
(2) Circ. 11 juin, 22 septem. 1819 et 30 déc. 1820.
(3) I. 21 octobre 1818, 148.

VI. Lorsque , conformément aux lois et réglemens de police , il y aura lieu à délivrer un *passe-port* dans l'intérieur, il y sera fait mention de la qualité de jeune soldat du réclamant et de la permission qui lui aura été accordée ; les passeports à l'étranger ne seront jamais accordés qu'avec l'autorisation du ministre de la guerre (1).

VII. *Tout jeune soldat qui aura quitté* son arrondissement ou qui aura obtenu l'autorisation d'aller dans un autre département, *sera tenu, à son arrivée,* de faire connaître au maire de la commune le lieu de son habitation. Les préfets inscriront sur un registre particulier toutes les déclarations de déplacement dont il leur aura été rendu compte, ainsi que les autorisations accordées à de jeunes soldats pour s'absenter de leur département ; ils donneront avis de ces déclarations et autorisations au sous-intendant militaire , celui-ci en prendra note et les fera connaître au capitaine de recrutement (2). (L'instruction porte *au commandant de la légion* ; mais d'après la nouvelle organisation des dépôts de recrutement, c'est au capitaine du dépôt que le sous-intendant doit adresser ces renseignemens).

VIII. Les mesures indiquées ci-dessus seront suivies pour les jeunes soldats absens de

(1) *Id.* 149.
(2) *Id.* 150 et 151.

leur département au moment de leur désignation pour le contingent : le préfet de la résidence mettra ces mesures à exécution, et en
donnera avis au préfet du domicile ; si les
jeunes soldats veulent retourner à leur domicile, il suffira qu'ils en préviennent le maire
du lieu où ils se trouvent ; et cet avis sera
transmis au préfet du domicile (1).

IX. Les jeunes soldats ne peuvent obtenir
de *sursis illimité* que sur la proposition mo-
tivée du conseil de révision (*Voy.* page 141).

X. *Les jeunes soldats peuvent devancer
l'époque de la mise en activité.* (*Voy.*, pour
les formalités à suivre, le titre suivant, p. 209
et suiv.)

§ V. — *Mutations.*

I. Toutes les décisions concernant les
hommes du contingent qui auront été prises
par le conseil de révision, postérieurement à
l'envoi des listes d'émargement, seront annotées sur l'expédition de la liste du tirage
que le préfet aura gardée pardevers lui, et
communiquées au sous-préfet de l'arrondissement ; le sous-préfet fera l'annotation de
de cette décision sur l'expédition de la même
liste qu'il aura entre les mains (2).

II. Le préfet donnera connaissance, dans
les dix jours, au sous-intendant militaire en

(1) *Id.* 152 et 153.
(2) *Id.* 130.

résidence dans le département, des décisions dont il est fait mention au numéro précédent. Le sous-intendant annotera la décision sur l'expédition de la liste départementale du contingent qu'il aura gardée pardevers lui, et il en donnera communication au capitaine de recrutement (1).

III. *Les maires informeront le préfet des décès et de toutes les mutations* qui surviendront parmi les jeunes gens définitivement appelés et non encore mis en activité; ils annoteront ces mutations sur le tableau de recensement (2).

Les commandans des brigades de gendarmerie prendront le même soin, en transmettant le résultat de leurs informations au capitaine de recrutement.

L'avis de chacune des mutations donné par les maires et les commandans des brigades *sera transmis*, sans délai, au capitaine de recrutement qui les annotera sur le registre-matricule départemental, et devra faire passer la copie littérale de cette annotation au maire ainsi qu'au commandant de la brigade de gendarmerie du lieu du domicile.

L'annotation que le capitaine de recrutement aura envoyée sera transcrite littéralement, savoir : par le maire, sur le tableau de

____

(1) *Id.* 131 et I. M. 25 mars 1825.
(2) I. M. 12 août 1818, 128, et I. M. 25 mars 1825, 13.

recensement, et par le commandant de la brigade sur la seconde expédition du registre-matricule départemental dont il sera porteur (1).

IV. Si le jeune soldat que la mutation ou la décision concerne réside dans une commune du département qui n'est pas celle de son domicile, le capitaine de recrutement enverra, en outre, copie de son annotation au commandant de gendarmerie du lieu de sa résidence, et celui-ci la transcrira sur la feuille signalétique qu'il aura reçue pour le jeune soldat (2).

Si les mutations dont il aura été donné avis au capitaine de recrutement, sont relatives à un jeune soldat résidant dans le département, quoique n'y appartenant pas, le capitaine de recrutement fera ses annotations sur la minute de la feuille signalétique qu'il aura dressée pour lui, et fera passer la copie desdites annotations tant au commandant de la brigade de gendarmerie du lieu de la résidence qu'au capitaine de recrutement du département du domicile ; ce dernier transcrira ladite annotation sur le registre matricule départemental (3).

V. *Le capitaine de recrutement étant personnellement responsable* de la régularité des écritures auxquelles donneront lieu tous les

(1) *Id.* 14.
(2) *Id.* 15.
(3) *Id.* 16.

déplacemens et toutes les mutations qui sur-
viennent parmi les jeunes soldats, *les préfets
veilleront* à ce qu'ils soient promptement in-
formés des déplacemens et mutations ; de
leur côté, les lieutenans-généraux, ainsi que
les intendans militaires, exigeront que les
officiers et fonctionnaires, placés sous leurs
ordres, communiquent aux capitaines de recrutement tous les renseignemens dont ils auraient connaissance.

VI. *Si*, nonobstant le soin qu'il aura mis à
se tenir informé de tous les déplacemens des
jeunes soldats, *le capitaine de recrutement
ignore le lieu de la résidence* de quelques-
uns, *il dressera*, pour chacun d'eux, *un
bulletin* (dit de recherche) qu'il remettra au
préfet.

Le préfet adressera le bulletin au maire de
la commune du domicile, et enjoindra à ce
fonctionnaire de prendre des renseignemens
exacts sur le jeune soldat qu'il concerne,
d'inscrire les résultats de ces renseignemens
sur le bulletin, et de lui envoyer cette pièce
immédiatement, pour être remise au capitaine
de recrutement (1).

VII. *Le capitaine de recrutement rendra
compte* régulièrement au général commandant la subdivision de toutes les mutations
qui surviendront parmi les jeunes soldats dis-

______

(1) *Id.* 17.

ponibles : le général, après s'être concerté avec le préfet, prescrira les mesures particulières que cette mutation pourrait exiger.

VIII. *Aussitôt après que l'ordre de lever les hommes du contingent* sera parvenu dans le département, le capitaine de recrutement communiquera au sous-intendant militaire, chargé de dresser les lettres de mise en activité, les dernières mutations survenues parmi les jeunes soldats disponibles (1).

TITRE HUITIÈME.

—

DE LA MISE EN ACTIVITÉ ET DE L'INCORPORATION.

—

Nous examinerons dans ce titre les formalités à remplir par les jeunes gens qui désirent entrer dans un des services spéciaux de l'armée, ou devancer la mise en activité : nous traiterons ensuite des règles à suivre pour la mise en activité des jeunes soldats.

§ I. — *Services spéciaux.*

I. *Les jeunes soldats peuvent demander à*

(1) Id. 18.

18*

être employés dans un des services spéciaux de l'armée.

Ainsi, les jeunes gens qui, ayant fait des études ou suivi des cours pour se rendre propres au service de santé, à celui de l'administration des hôpitaux, au service des manufactures d'armes, ou à l'un des autres services spéciaux de l'armée, demanderaient de l'emploi dans l'un de ces services, pourront, avec l'approbation spéciale du ministre, y être reçus; à cet effet, il leur sera délivré des lettres de passe par les sous-intendans militaires (1).

Les jeunes gens qui désireront passer au service de santé, doivent adresser leurs réclamations au ministre de la guerre, en les appuyant d'un certificat portant qu'ils sont compris dans le contingent. Le ministre charge le conseil de santé des armées d'examiner l'aptitude des sujets, et les emploie, s'il y a lieu d'après le résultat de cet examen (2).

§ II. — *Admission au service avant le temps fixé.*

I. Les jeunes soldats (marchant pour leur propre compte, remplaçans ou substituans) pourront, sur la demande qu'ils en feront, être admis au service actif dans les troupes de

______

(1) I. M. 21 octobre 1818, 185 et 186, et Sol. 12 février 1819.

(2) Sol. 12 fév. 1819.

terre ou de mer, avant le temps fixé pour leur mise en activité (1).

II. Ils peuvent demander cette admission *à partir* du jour où la voie de l'engagement volontaire leur est fermée. (*Voy*. p. 31, n°9); mais il n'y sera donné suite qu'après qu'ils auront été inscrits comme jeunes soldats, sur le registre-matricule départemental (2).

Ces demandes seront transmises, par l'intermédiaire des autorités civiles, aux sous-intendans militaires, qui les fera parvenir au capitaine de recrutement (3).

III. Au moment où l'ordre de mise en activité des jeunes soldats est donné, et s'il porte sur tout ce qui reste de disponible, *la faculté de devancer l'appel cesse.*

IV. Si l'ordre ne concerne qu'un nombre quelconque de jeunes soldats, *elle ne cesse que* du moment où l'ordre de mise en activité est parvenu aux autorités, et *pour ceux* qui doivent être compris dans les désignations à effectuer pour l'exécution de cet ordre.

V. *L'ordre* de mise en activité *est réputé parvenu* aux autorités, le jour où commence le travail de la répartition cantonal dont sont chargés les sous-intendans militaires.(4).

(1) I. M. 21 octobre 1818, 159 et 179.
(2) C. M. 11 juin 1819, 49° q.
(3) I. M. 21 oct. 1818, 160.
(4) I. M. 21 octobre 1818, 187, C. M. 11 juin 1819, 49° q.

IV. *Les jeunes soldats* qui devancent l'appel à l'activité *sont admis à choisir le corps* dans lequel ils veulent servir (1).

Mais, pour être admis dans la *garde royale*, il faut un ordre spécial du ministre de la guerre (2).

V. Tout jeune soldat qui voudra user de la faculté de devancer l'appel, adressera sa demande par écrit au sous-intendant militaire, chargé dans le département de la police administrative du recrutement (3). Il représentera un certificat constatant que l'effectif du corps dans lequel il veut entrer, permet de le recevoir : ce certificat sera délivré par le colonel de ce corps (4).

VI. Le sous-intendant militaire, après s'être assuré que le corps dans lequel le jeune soldat demande à entrer, peut le recevoir, fera passer à ce jeune soldat un avis portant, savoir :

S'il a demandé à servir dans un régiment de la ligne, qu'il peut se présenter devant lui, à l'effet d'être dirigé sur ce corps ; s'il a demandé à entrer dans une autre arme que l'infanterie de la ligne, qu'il doit faire *constater son aptitude* ; et, à cet effet, se présenter devant les officiers chargés de cet examen (5).

(1) I. M. 21 octobre 1818, 179.
(2) I. M. 7 juin 1820, et C. M. 31 mai 1822.
(3) I. M. 21 octobre, 180.
(4) C. M. 14 janvier et 4 juillet 1822.
(5) I. M. 21 octobre 181, et C. M. 22 déc. 1820.

VII. L'officier (*voy.* page 26, n° 5) devant qui le jeune soldat aura été envoyé, procédera à l'examen de son aptitude pour l'arme dont il aura fait choix (1).

S'il reconnaît qu'il a les qualités requises, il lui délivrera un certificat d'aptitude (2).

VIII. *Le jeune soldat, muni de ce certificat* d'aptitude, dans le cas où il est nécessaire, se présentera devant le sous-intendant militaire, qui recevra sa déclaration (2), et lui délivrera une copie de l'acte ou déclaration qu'il aura souscrit, ainsi qu'une feuille de route pour se rendre au corps. La première de ces deux pièces servira à établir la régularité de l'incorporation, et devra par conséquent être remise par le jeune soldat, le jour même de son arrivée à sa destination. Copie de cet acte ou déclaration sera également remise, par le sous-intendant militaire, au capitaine de recrutement, avec l'indication du jour du départ, et du jour présumé de l'arrivée du jeune soldat (3).

IX. Une fois incorporé, selon les formes ci-dessus énoncées, dans un corps de leur choix, les jeunes soldats ne peuvent pas être contraints, par suite des mesures prises lors

(1) I. M. 21 octobre 1818, 182.
(2) *Id.* 179, 180, 181.
(3) *Id.* 183.
(4) *dd.* 184.

des inspections générales, à passer dans un autre corps, s'ils n'appartiennent pas à la portion de contingent déjà appelée à l'activité. S'ils appartiennent à cette portion, et s'ils refusent de passer à un autre corps, il leur sera délivré un certificat du conseil d'administration, visé du sous-intendant militaire et de l'inspecteur-général, où, à son défaut, du lieutenant-général commandant la division, portant qu'ils peuvent rentrer dans leurs foyers jusqu'à la mise en activité de la portion du contingent à laquelle ils appartiennent (1).

§ III. — *Mise en activité par ordonnance du Roi.— Répartition entre les cantons, et formation des listes de mise en activité.*

I. Les jeunes soldats de chaque canton seront, suivant les distinctions qui seront déterminées ci-après, mis en activité dans l'ordre de leurs numéros de tirage. Ceux qui doivent marcher en personne ne seront mis en activité qu'après que tous les remplaçans, existant dans le département, auront été incorporés. La mort du remplacé, avant la mise en activité, ne change en rien la position du remplaçant (2).

II. Aussitôt après que le général comman-

(1) C. M. 11 juin 1819. 49° q.
(2) I. M. 21 octobre 1818, 158.

dant la division aura fait parvenir, dans le département, l'ordre de mise en activité, le sous-intendant militaire, dépositaire de la liste départementale du contingent, procédera à la répartition entre les cantons du nombre d'hommes indiqués dans l'ordre. Il fera cette répartition proportionnellement au nombre de jeunes soldats immatriculés qui se trouveront disponibles dans chaque canton (1).

III. *Seront considérés comme disponibles* tous les jeunes soldats immatriculés qui n'auront pas encore été admis ou appelés à l'activité, soit qu'ils se trouvent absens du département, soit qu'ils y résident (2).

IV. *Avant de faire la répartition* entre les cantons, le sous-intendant militaire doit s'assurer avec soin du nombre des jeunes gens qui ont devancé la mise en activité, ou qui, par tout autre motif, ne sont plus disponibles, tels que les substitués, les dispensés et les remplacés (3).

V. Le sous-intendant militaire formera, pour les jeunes soldats qui auront été compris dans la répartition, une liste nominative dont il transmettra des copies au préfet et au capitaine de recrutement (4).

(1) *Id,* 161.
(2) *Id,* 162.
(3) Circ. 18 déc. 1818 et 11 juin 1819, 51ᵉ q.
(4) I. M. 21 octobre 1818, 163, et circ. 12 juil. 1822.

VI. Si, lors de l'appel à l'activité, il se trouve les jeunes soldats qui sont atteints de mutilations, ou sont soupçonnés de s'être mis dans un état quelconque d'invalidité, et sur lesquels le conseil de révision n'aurait pas encore prononcé, ils seront envoyés devant ce conseil qui, d'après les renseignemens qu'il aura pris, donnera un avis libellé. Cet avis sera transcrit tant sur la liste du contingent que sur celle de mise en activité; le préfet en fera parvenir une expédition au lieutenant-général commandant la division (1).

§ IV. — *Lettre de mise en activité.*

I. Aussitôt après la formation de la liste nominative dont il est question au paragraphe précédent, le sous-intendant militaire dressera, au nom du ministre, des lettres de mise en activité pour chacun des soldats compris dans la répartition : ces lettres seront en double expédition (2).

II. Si, d'après les instructions transmises par l'autorité au général commandant, la répartition entre différens corps doit se faire au moyen de la revue des jeunes soldats que leurs numéros appellent à marcher, cet officier fera connaître au sous-intendant militaire le jour et le lieu de la réunion, et celui-ci les

(1) Circ. 10 octobre 1820.
(2) I. M. 21 octobre 1818, 164.

relatera sur les lettres de mise en activité, qu'il transmettra au préfet.

Le jour de la réunion au chef-lieu sera fixé assez à temps pour que le préfet puisse, dans l'intervalle, faire les vérifications qui lui sont prescrites, et pour qu'il s'écoule trois jours au moins entre le moment de la notification des lettres aux jeunes soldats, et celui de leur départ pour le chef-lieu de département (1).

III. Le sous-intendant militaire suivra, dans l'expédition des lettres, l'ordre de l'inscription des jeunes soldats sur la liste de mise en activité; ces lettres seront, comme nous l'avons dit au n° précédent, directement envoyées au préfet qui, après vérification de l'ordre dans lequel les jeunes soldats ont été appelés à l'activité, transmettra au maire de la commune du domicile, par l'intermédiaire du sous-préfet, la première expédition des lettres de mise en activité (2).

IV. Si parmi les jeunes soldats appelés à l'activité, il en est qui aient quitté leur arrondissement après en avoir fait la déclaration, ou qui aient quitté le département, le préfet transmettra, pour eux, la seconde expédition des lettres de mise en activité, savoir :

Dans le premier cas, aux maires des communes indiquées dans leur déclaration; dans

(1) *Id.* 197 et 198.
(2) *Id* 165, 166, et Circ. 18 déc. 1818.

le second cas, aux préfets des départemens où seront les communes indiquées dans les autorisations. Les préfets, auxquels ces secondes expéditions auront été transmises, les feront passer aux maires des lieux indiqués (1).

V. L'envoi et la notification des lettres de mise en activité au lieu de la résidence, ne doivent être effectués que pour les jeunes soldats qui ont fait la déclaration ou obtenu l'autorisation de déplacement, ou pour ceux dont l'absence est antérieure à la clôture de la liste du contingent, et dont l'administration connaît la résidence, et non pour ceux qui sont absens du royaume avec ou sans autorisation.

Lorsqu'il s'agit d'un remplaçant, la lettre doit lui être adressée, et avis doit en être donné au remplacé qui est responsable (2).

VI. Les lettres de mise en activité devront être envoyées aux maires, de manière que les jeunes soldats aient au moins trois jours pour se préparer au départ ; elles seront notifiées au domicile ou au lieu d'habitation des jeunes soldats auxquels elles seront adressées (3).

VII. *Les maires inscriront* sur le registre qu'ils tiendront à cet effet, toutes les notifications de mise en activité qui auront été

---

(1) I. M. 21 octobre 1818. 167.
(2) Circ. 11 juin 1819, 52ᵉ q.
(3) I. M. 21 octobre 1818. 168 et 169.

faites à leur diligence ; ils enverront, pour
chaque notification, au préfet, par l'intermédiaire du sous-préfet, un extrait du registre. Le préfet transmettra ces extraits aux
administrateurs civils de qui il aura reçu les
lettres de mise en activité ; et ces mêmes extraits seront remis aux capitaines de recrutement (1).

VIII. Les lettres de mise en activité, destinées aux hommes convaincus de s'être *mutilés volontairement*, ou de s'être mis dans
un état quelconque d'invalidité, soit avant,
soit après la clôture de la liste du contingent,
porteront, pour destination, la compagnie des
pionniers la moins éloignée. Cette désignation sera donnée par le lieutenant-général
commandant la division ; elle sera inscrite au
bas de la lettre, et le lieutenant-général,
ou, en son nom, l'officier commandant la
subdivision, prescrira les mesures convenables pour que le jeune soldat arrive à sa
destination (2).

§ V. *Causes de suspension de départ ou de
réforme. — Demandes à former.*

1. *Si un jeune soldat*, à qui il aura été notifié une lettre de mise en activité, *est atteint*

____

(1) *Id.* 169 et 170.
(2) Circ. 26 octobre et 18 décembre 1820. Ordon. et
Circ. des 11 et 12 octobre 1820 et déc. 10 avril 1821.

de maladie, ou est devenu infirme, il devra, dans les trois jours de la notification, en faire donner avis au maire de la commune, et lui fera remettre sa demande, soit pour obtenir un délai, soit pour être informé (1).

II. Le maire transmettra sur-le-champ au préfet, avec ses observations particulières, la demande qui lui aura été présentée ; et si le préfet estime qu'il doive y être donné suite, il la soumettra aussitôt au conseil de révision, qui examinera, dans le plus court délai, les motifs allégués par le réclamant, et le fera, s'il y a lieu, comparaître et visiter.

Une copie de l'avis du conseil de révision sera délivrée au sous-intendant militaire ; et, suivant ce que portera cet avis, il fera parvenir au réclamant, ou l'ordre de marcher, ou un billet d'hôpital, ou un certificat indiquant le délai qui lui aura été accordé pour se faire traiter dans ses foyers, ou bien un certificat provisoire de réforme (2).

III. Si le département où réside le réclamant, et où les motifs allégués par lui ont été examinés, n'est pas celui auquel il appartient comme jeune soldat, le préfet de la résidence enverra à celui du domicile copie de l'avis donné pour que ce dernier puisse faire les annotations nécessaires (3).

(1) I. M. 21 octobre 1818. 171.
(2) *Id.* 172.
(3) *Id.* 172.

IV. Si l'avis du conseil de révision porte que le réclamant est devenu impropre au service militaire, le capitaine de recrutement présentera cet avis à l'inspecteur-général, lors de la première revue d'inspection ; l'inspecteur fera rayer le réclamant du registre-matricule et lui fera délivrer un congé de réforme. Dans le cas, néanmoins, où l'inspecteur jugerait qu'il n'y a pas de motifs suffisans pour déférer à l'avis du conseil de révision, il en rendra compte au ministre, *qui prononcera définitivement* (1).

Quelle confusion de juridictions et de pouvoirs ! Ici, le ministre ne se contente plus de dicter ses décisions aux conseils, il prononce lui-même, il se constitue juge souverain. En vérité, les expressions manquent pour qualifier de tels abus. Ainsi le conseil de révision, juge compétent de tous les motifs d'exemption, et ayant tous les moyens suffisans pour décider en connaissance de cause, n'est plus, aux yeux du ministre, qu'une réunion d'hommes sans autorité, sans compétence, dont on demande l'avis pour le suivre ou pour le rejeter, suivant le bon plaisir, car le ministre n'a aucun moyen de décider équitablement ; il n'a pas vu, ni examiné, ni fait examiner le jeune soldat, et il se réserve le droit de le faire comparaître à son tribunal, et de décider souverainement et *définitivement :* voilà où

____
(1) *Id.* 173.

conduit un premier pas dans les voies de l'illégalité et de l'arbitraire.

Une circulaire du 11 juin 1819, 53ᵉ question, étend encore plus loin cet empiétement de pouvoir ; elle décide que, dans le cas où un jeune soldat, examiné hors de son département, et rejeté par le conseil de révision de sa résidence, serait néanmoins compris sur la liste du contingent de son département, à cause du retard dans l'envoi du résultat de la décision du conseil ; « l'on considérera le résultat de cet examen *comme équivalent à l'avis du conseil*, dans le cas prévu par les art. 172 et 173 dont nous venons de parler ». Ainsi, encore dans ce cas où la loi elle-même assigne aux conseils le caractère de juges et leur donne droit de statuer, le ministre intervient et méconnaît ce droit pour se l'arroger.

V. *Toutes les demandes* de suspension de départ ou de congé de réforme pour cause de maladie, formées après les délais accordés (*Voy*. nᵒ I ci-dessus), et même après le jour fixé pour le départ, soit que le réclamant se trouve ou non dans son département, *seront adressées* au sous-intendant militaire, et transmises par celui-ci au maréchal-de-camp commandant la subdivision.

VI. Selon les circonstances, le général commandant enverra le réclamant ou dans un hôpital ou chez lui pour y être traité ; ou, s'il y a présomption d'infirmité, devant le conseil de révision, ou devant l'officier-général-inspecteur, si celui-ci est en activité sur les lieux. Il pourra infliger des punitions de discipline aux jeunes soldats dont la demande serait sans fondement.

Les déterminations prises seront transmises par le sous-intendant militaire au capitaine de recrutement et au préfet; et, dans le cas où le jeune homme ferait partie du contingent d'un autre département, elles seront adressées au sous-intendant militaire [de ce département] (1).

VII. Les préfets sont invités à donner la plus grande publicité aux dispositions ci-dessus; ils feront connaître aux jeunes soldats que toutes les demandes qu'ils auraient à former pour cause de maladie ou d'infirmités, après le délai de trois jours fixé par l'instruction sur les appels, doivent, avec les certificats à l'appui, être adressées aux autorités locales par le sous-intendant militaire; et qu'en adressant ces demandes au ministre de la guerre ils s'exposeraient à des retards, et ne se garantiraient pas des poursuites qui pourraient être dirigées contre eux (2).

VIII. L'état des hommes qui ont reçu des certificats provisoires de renvoi doit être dressé par le capitaine de recrutement. Si l'avis du conseil de révision porte que le ré-

(1) Circ. 5 février 1820, 18 août 1819 et 27 oct. 1820.
(2) Circ. 5 février 1820.

clamant est devenu impropre au service militaire, le capitaine de recrutement présentera cet avis à l'inspecteur-général, lors de la première revue d'inspection.

Les intendans militaires, à la prochaine revue, feront connaître aux généraux inspecteurs les causes qui pouvaient les engager à ne pas déférer aux avis donnés par les conseils de révision (1).

§ VI. *Répartition entre les corps, soit d'après l'examen de la liste de mise en activité, soit d'après une revue sur le terrain.*

I. Du moment où l'ordre de mettre en activité un nombre quelconque de jeunes soldats sera parvenue aux autorités des départemens, il ne pourra être donné pour destination, à ceux que leurs numéros appellent à marcher, d'autres corps que ceux indiqués dans l'ordre parvenu (2).

II. Les jeunes soldats seront répartis entre les corps que l'ordonnance aura indiqués, par le maréchal-de-camp commandant la subdivision, où, à son défaut, par l'officier général ou supérieur que le commandant de la division aura désigné en vertu des ordres du ministre de la guerre (3).

(1) *Id.* Circ. 27 oct. 1820, et I. M. 21 oct· 1818. 173.
(2) *Id.* 187.
(3) *Id.* 188 et Ord. du 31 mars 1820.

III. Cet officier général ou supérieur recevra une copie de la liste de mise en activité ; le sous-intendant devra lui remettre cette copie dix jours au moins avant celui qui aura été fixé pour le départ. Il fera la répartition entre les différens corps, soit d'après l'indication de la liste qui lui aura été remise, soit d'après la revue qu'il fera des hommes inscrits sur cette liste ; il se conformera, à cet égard, aux instructions qui lui auraient été transmises (1).

IV. Si les instructions transmises à l'officier général ou supérieur lui ordonnent de faire la répartition *d'après les indications contenues dans la liste qui lui aura été donnée*, il désignera immédiatement, sur cette liste, les corps auxquels il aura affecté les jeunes soldats.

V. Après avoir exécuté les dispositions ci-dessus, l'officier général ou supérieur renverra la liste de mise en activité au sous-intendant militaire, qui, dans les vingt-quatre heures, dressera des lettres de mise en activité pour les jeunes soldats qui y seront inscrits, et avant de transmettre ces lettres au préfet, il indiquera, au bas de chacune d'elles, le corps auquel le jeune soldat qu'elle concerne est destiné, en y faisant connaître la route qui devra lui être tracée, comme la plus courte pour arriver à sa destination.

(1) I. M. 21 octobre. Art. 189 et 190.

Dans les vingt-quatre heures, le commandant de la division sera instruit par le sous-intendant militaire de l'accomplissement des formalités ci-dessus, des époques de départ, et de celles présumées de l'arrivée du jeune soldat (1).

VI. Si, d'après les instructions transmises à l'officier général ou supérieur, la répartition entre les corps doit *se faire au moyen de la revue des jeunes soldats* que leurs numéros appellent à marcher, cet officier fera connaître au sous-intendant militaire le jour où ces jeunes soldats devront se trouver réunis au chef-lieu du département, et le sous-intendant relatera l'indication de ce jour dans les lettres d'activité qu'il devra dresser et envoyer au préfet, aussitôt après avoir reçu communication de l'ordre pour la réunion au chef-lieu (2).

Le jour de la réunion au chef-lieu sera fixé assez à temps pour que le préfet puisse, dans l'intervalle, faire les vérifications prescrites ci-dessus, et pour qu'il s'écoule trois jours, au moins, entre le jour de la notification des lettres aux jeunes soldats, et celui de leur départ pour le chef-lieu de département (3).

VII. *Les jeunes soldats* qui auront reçu des lettres de mise en activité, portant ordre de

(1) *Id.* 184, 193, 194, 195 et 196.
(2) *Id.* 197.
(3) *Id.* 198.

se rendre au chef-lieu du département, *se muniront*, près des maires de leur commune, d'un ordre de route provisoire pour faire le trajet. *L'ordre de route* sera inscrit au bas de la lettre de mise en activité, et les jeunes soldats auront droit à une indemnité de route et de station, ainsi que les militaires isolés (1).

VIII. L'officier général ou supérieur chargé de la répartition indiquera sur la copie de la lettre de mise en activité qui lui aura été envoyée par le sous-intendant militaire, les corps auxquels il aura affecté les jeunes soldats (2).

IX. Les jeunes soldats qui ne se seront pas présentés à la revue seront, à moins d'ordres contraires, répartis proportionnellement entre les corps auxquels, d'après l'indication de leur taille, ils sont présumés être propres.

Le lieutenant-général commandant la division tiendra la main à l'exécution des ordres que le ministre aura pu donner concernant la destination à affecter aux jeunes soldats qui ne se présenteraient qu'après la revue (3).

X. Si un jeune soldat paraît, à l'officier général ou supérieur chargé de la répartition, être d'une constitution trop faible, ou être atteint d'infirmités, il le renverra pardevant le conseil de révision, qui sera tenu de donner,

(1) *Id.* 199.
(2) *Id.* 201.
(3) Circ. 4 juillet 1822.

dans le plus court délai, son avis sur l'aptitude de ce jeune soldat. (1)

Répartition.

XI. La répartition entre les différens corps se fera de manière à ce que chacun d'eux ait, suivant ses armes, un nombre proportionné d'hommes de chaque taille : néanmoins, l'officier général ou supérieur ne désignera pour la garde royale, la cavalerie, l'artillerie de terre et de mer, le génie et les équipages de ligne de la marine, aucun jeune soldat au-dessous de la taille fixée, suivant les armes, aux tableaux ci-dessus. (*Voy.* page 34.) (2).

XII. Le contingent affecté dans les départemens aux escadrons de l'école royale de cavalerie devra être composé, autant que possible, par égale portion de sujets de toutes les tailles, à partir de celle de 5 pieds 2 pouces (3).

XIII. L'officier général ou supérieur affectera de préférence, parmi les hommes de la taille requise, savoir :

1.° A la cavalerie et aux équipages, les jeunes soldats de la profession de sellier ou de celle de maréchal, de même que les jeunes soldats qui savent conduire ou soigner les chevaux.

(1) I. M. 21 octobre 1818. 203.
(2) *Id.* 191.
(3) Dec. 22 mars 1825.

2° Aux corps d'artillerie ou du génie, les jeunes soldats d'une constitution robuste, qui sont ouvriers en fer ou en bois, ou ouvriers des mines et carrières. Ces derniers seront affectés spécialement aux troupes du génie.

Il n'admettra pour le bataillon des pontonniers que des hommes exerçant la profession de batelier, charpentier de bateau, charpentier de bâtimens et de charron, ou celle de forgeron, serrurier, cloutier, taillandier et cordier (1).

XIV. L'officier général ou supérieur affectera, autant que le permettent les dispositions des articles précédens, les jeunes soldats d'un canton à celui des corps compris dans l'ordre envoyé par l'autorité supérieure qui sera le moins éloigné de ce canton. Il aura égard, autant que le permettent les mêmes dispositions, aux demandes que lui feraient les jeunes soldats, afin d'être admis dans celui de ces corps pour lequel leur choix se serait fixé (2).

XV. Quelle que soit l'arme dans laquelle l'officier général ou supérieur chargé de la répartition aura fait passer un jeune soldat, celui ci ne sera tenu d'y servir, s'il ne contracte pas de rengagement, que pendant le temps fixé pour les jeunes gens appelés par la loi (3).

____

(1) I. M. 21 octobre 1818. 191.
(2) *Id.* 192.
(3) *Id.* 208.

XVI. Les corps auxquels les jeunes soldats auront été affectés seront indiqués, pour chaque homme, sur la liste de mise en activité, par les soins et à la diligence de l'officier général ou supérieur et du sous-intendant militaire (1).

XVII. Le sous-intendant se fera remettre sur le terrain les lettres de mise en activité dont les jeunes soldats se trouveront porteurs; et immédiatement après la revue, l'officier général supérieur ou délégué lui enverra la liste sur laquelle il aura indiqué le résultat de son travail de répartition. Le sous-intendant écrira, au bas des lettres de mise en activité, le nom ou numéro du corps affecté aux jeunes soldats par l'officier général ou supérieur chargé de la répartition. Il délivrera des feuilles de route à ceux qui auront plusieurs journées d'étape à parcourir pour se rendre à leur destination (2).

§ VII. *Mise en route des jeunes soldats. — Délais dans lesquels ils doivent se rendre à leur destination. — Prolongation de ces délais. — Arrivée.*

I. Les jeunes soldats réunis au chef-lieu du département seront mis en route pour leurs destinations respectives dans les vingt-quatre

(1) *Id.* 201.
(2) *Id.* 204, 205.

heures, à partir de la revue qui aura été faite par l'officier général ou supérieur chargé de la répartition (1).

II. Le sous-intendant militaire se conformera aux dispositions de l'art. 184 de l'instruction sur les appels. (*Voy.* § précédent, n° 5) pour les avis à donner au capitaine de recrutement, tant sur la destination assignée aux jeunes soldats, que sur la date du départ du chef-lieu du département et celle présumée de l'arrivée à la destination (2).

III. Les intendans militaires prendront les mesures convenables pour assurer, pendant le trajet, aux jeunes soldats qui ont reçu une destination, le logement, les vivres et les autres allocations qui leur sont dues. Ils feront parvenir aux autorités compétentes tous les avis nécessaires (3).

IV. Le capitaine de recrutement fera dresser des contrôles signalétiques pour les jeunes soldats qui ont reçu une destination pour un corps quelconque ; ces contrôles indiqueront le jour du départ et l'époque présumée de l'arrivée des jeunes soldats à leur destination. Ils pourront être collectifs ou individuels (4).

V. Les généraux commandant les divisions décideront s'il y a lieu de réunir en détache-

(1) *Id.* 206.
(2) *Id.* 207.
(3) C. M. 18 déc. 1818.
(4) I. M. 21 octobre 1818. 209.

ment les jeunes soldats mis en activité, et ils donneront leurs ordres pour que, si cette mesure est nécessaire, on ne leur fasse pas faire de contre-marches inutiles, et pour que chaque détachement soit composé du nombre d'hommes le plus fort possible. Chaque détachement sera, d'après sa force, confié au commandement d'un officier ou d'un sous-officier. Le général commandant donnera des ordres à cet égard (1).

L'officier ou sous-officier, chargé de la conduite de ce détachement, sera porteur du contrôle signalétique dont nous avons parlé ci-dessus, et il y annotera toutes les mutations qui surviendraient pendant la route parmi les jeunes soldats (2).

VI. Si, pendant la route, un jeune homme *s'est mutilé volontairement* pour se rendre impropre au service, ce fait sera dénoncé au conseil de discipline du corps auquel il est destiné.

VII. Les dispositions réglementaires sur la police des militaires en route seront observées à l'égard des jeunes soldats, dans le trajet qu'ils auront à faire pour se rendre à leur destination, soit qu'ils voyagent en détachement ou isolément (3).

VIII. Les sous-intendans militaires, char-

(1) *Id.* 175 et 176.
(2) *Id.* 210.
(3) *Id.* 177.

gés du service du recrutement, prendront toutes les mesures qui sont dans leurs attributions pour obtenir la connaissance exacte *des mutations survenues* dans l'étendue de leurs départemens respectifs, parmi les jeunes soldats mis en route, de quelque point que ce soit, sur leur demande, ou en vertu d'ordre supérieur pour y joindre un corps. Ils formeront, pour ceux de ces jeunes soldats qui sont étrangers à leur département, un état qu'ils adresseront, à la fin de chaque mois, aux sous-intendans militaires des départemens d'où proviennent ces jeunes soldats (1).

IX. *Tout jeune soldat qui*, sans empêchement légitime, *ne se sera pas rendu à sa destination* au jour fixé dans son ordre ou feuille de route, *sera noté comme prévenu de désertion*, et signalé comme tel à la gendarmerie, à l'expiration du délai déterminé par les lois ou réglemens pour les militaires en congé (2).

X. *Si un jeune soldat ne s'est pas présenté pour se munir d'une feuille de route*, le temps jugé nécessaire pour qu'il se rende au lieu de sa résidence à celui de sa destination, courra du quatrième jour exclusivement, à partir de la notification de la lettre de mise en activité, et sera calculé en raison d'un jour par deux myriamètres de marche; après l'expi-

(1) C. M. 18 août 1819.
(2) I. M. 22 octobre 1818, 213.

ration de ce temps seulement, commencera à courir le délai dont il est parlé au n° précédent.

Si le jeune soldat mis en activité a été compris dans un détachement, le délai courra à partir du jour de l'arrivée de ce détachement (1).

XI. Le délai déterminé par les lois et réglemens courra, *pour les jeunes soldats qui se trouveront hors du royaume*, dans les proportions suivantes, à dater du jour de la notification faite à leur domicile des lettres de mise en activité, savoir :

1° Après deux mois, pour ceux qui seraient sur le continent européen ;

2° Après six mois, pour ceux qui seraient dans les colonies, eu deçà du cap de Bonne-Espérance ;

3° Après un an, pour ceux qui seraient dans les colonies situées au-delà du cap.

Ces dispositions ne sont pas appliquées aux jeunes soldats qui auraient quitté le royaume postérieurement au jour fixé pour le tirage ; ceux-ci seront considérés comme s'ils étaient présens dans le département (2).

XII. *Les motifs allégués par les absens* qui se présenteraient après les délais fixés pour les hommes appelés à l'activité, *doivent être examinés*, non par les conseils de révision,

(1) *Id.* 214, 215.
(2) *Id.* 216.

mais par les autorités chargées de prononcer sur ce délit (1).

XIII. Nous rappellerons sommairement les *causes de prolongation de délais* :

1° Maladies, infirmités; 2° pourvoi pendant devant les tribunaux; 3° sursis illimité proposé par le conseil de révision; 4° condamnation du jeune soldat à une peine quelconque, et jusqu'à l'expiration de sa peine; 4° demande présentée par un jeune soldat pour obtenir les délais suffisans, afin de présenter un remplaçant. Cette demande doit être appuyée de l'avis du préfet, et transmise au lieutenant-général commandant la division, chargé, dans ce cas, de prononcer au nom du ministre de la guerre; 6° détention pour dettes (2).

XIV. Afin de mettre le lieutenant-général commandant la division à portée de reconnaître si les ordres de mise en activité s'exécutent régulièrement, les capitaines de recrutement lui adresseront, tous les mois, l'état nominatif des jeunes soldats désignés pour l'activité, qui, sans être porteurs de sursis illimités ou de certificats provisoires de renvoi, se trouvent néanmoins autorisés à rester dans leurs foyers. Cet état devra être visé par le sous-

____

(1) Déc. 13 avril 1819.

(2) Circ. et déc. des 3 décembre 1818, 8, 15 janvier, 19 juillet 1819, 18 février 1820, 20 sept. 1821 et 22 février 1822.

256 CODE

intendant , et les capitaines de recrutement
auront soin d'y porter toutes les indications
qui peuvent éclairer les lieutenans-généraux
sur la position réelle des jeunes soldats. A
défaut de renseignemens nécessaires, les sous-
intendans et le capitaine de recrutement re-
courront aux préfets (1). Sur le vu de cet état ,
le lieutenant-général, après avoir examiné la
position individuelle des hommes porteurs
de suspensions de départ, ordonnera la mise
en route de ceux pour lesquels ces suspensions sont expirées et ne doivent plus se
prolonger, ou qui se trouvent indûment dans
leurs foyers (2).

XV. *Aussitôt après leur arrivée au corps
sur lequel ils auront été dirigés*, les jeunes
soldats seront immatriculés et incorporés. Le
département d'où ils proviendront sera rappelé sur les registres-matricules du corps.

Leur identité sera constatée par la vérification du signalement transcrit du registre-
matricule départemental sur le contrôle signalétique (3).

XVI. Les capitaines de recrutement correspondront avec les corps pour savoir si les
hommes partis isolément avec des lettres de
passe , se sont rendus à leur destination aux
dates présumées d'arrivée ; et ils feront con-

(1) Circ. des 18 février 1820 et 23 mars 1823.
(2) *Id.* 23 mars 1821.
(3) I. M. 21 octobre 1818. 211.

naître au ministre de la guerre quels sont les corps qui négligeraient de donner les renseignemens qui leur sont demandés à cet égard. »

Si les jeunes soldats ont été mis en route par détachement, les chefs de corps, sur lesquels ces détachemens sont dirigés, devront, à l'expiration de la date présumée d'arrivée, renvoyer sans délai au capitaine de recrutement le contrôle signalétique établi, en y portant les renseignemens à leur connaissance sur les mutations de l'homme en retard d'arriver; ils doivent enfin renvoyer également aux mêmes capitaines (en y inscrivant soigneusement toutes les mutations survenues pendant la route) les contrôles signalétiques qui leur ont été remis par les officiers ou sous-officiers conducteurs (1).

XVII. On doit, à moins d'ordre contraire, conserver au corps les jeunes soldats regardés comme impropres au service, jusqu'à la première revue qui sera passée pour examiner les hommes, et renvoyer dans leurs foyers ou réformer ceux qui seraient incapables de servir ; il faut, dans ce cas, ne donner à ces jeunes soldats que les effets de petit équipement strictement nécessaire (2).

(1) *Id.* 211.
(2) Déc. 8 février et 7 juin 1819.

§ VIII. — *Mesures relatives aux jeunes soldats qui n'obéissent pas à l'appel de mise en activité.*

I. Le capitaine de recrutement annotera avec soin sur le registre-matricule départemental les décisions dont les jeunes soldats auront été l'objet et les mutations survenues ; il recevra, à cet effet, du sous-intendant militaire, les extraits du registre des notifications de lettres de mise en activité (1).

II. *Si un jeune soldat est retardataire*, le capitaine de recrutement prendra près du préfet et du sous-intendant militaire, toutes les informations convenables pour constater les causes du retard ; s'il résulte de ces renseignemens qu'il n'y a aucune cause légitime, il enverra, le signalement de ce retardataire, qu'il notera comme prévenu de désertion, au capitaine de gendarmerie, et rendra compte du tout au maréchal-de-camp commandant la subdivision, par un rapport dressé en forme de plainte. Une copie du signalement sera transmise au ministre de la guerre, et une autre copie sera toujours envoyée aux préfets (2).

(1) O. R. 26 oct. 1820. Art. 6, et C. M. 29 sept. 1821.

(2) Circ. 29 sept. 1821, et I. M. 21 octobre 1818. Art. 213.

Les peines de la désertion doivent-elles être appliquées aux retardataires? L'art. 213 de l'Instruction soutient l'affirmative. Mais c'est une autorité que nous ne connaissons pas. La jurisprudence des conseils de guerre est, sur ce point, très-divisée; on peut rappeler de nombreuses décisions rendues en sens contraire. La *Gazette des Tribunaux*, à qui nous devons d'importantes améliorations dans la législation militaire, cite plusieurs décisions en faveur de la négative (*Voy.* entr'autres les numéros des 28 juin et 6 août 1827.). Nous n'entrerons pas dans une discussion qui serait en dehors des proportions de cet ouvrage; mais il nous semble que la négative résulte de l'art. 25 de la loi de 1818 qui déclare abrogées toutes les lois et ordonnances relatives aux anciens modes de recrutement.

III. Le capitaine de recrutement ouvrira, pour chaque classe, un contrôle nominatif des jeunes soldats à rechercher comme *prévenus de désertion;* il sera intitulé : *Contrôle des jeunes soldats signalés comme prévenus de désertion.* Il sera établi pour chaque classe en deux expéditions destinées, l'une, au capitaine de recrutement, l'autre, à l'officier commandant la gendarmerie du département, et ne devra contenir que les noms des jeunes soldats à l'égard desquels l'avis du préfet n'aura pas été favorable (1).

____

(1) *Id.*

IV. Dès qu'un capitaine de gendarmerie aura avis qu'un insoumis ou retardataire est réfugié dans un autre département que celui de son domicile, il aura soin d'en prévenir sur-le-champ le capitaine de gendarmerie de ce département, et de lui transmettre le signalement de cet insoumis.

V. Les lieutenans-généraux surveilleront l'exécution de cette disposition, et rendront compte, dans leurs rapports trimestriels, de l'exactitude qui y sera apportée, ainsi que des résultats qu'on en aura obtenus (1).

VI. Les sous-préfets et les maires correspondront exactement avec les préfets, les commandans de brigade de gendarmerie avec le commandant de la gendarmerie du département, pour leur rendre compte de toutes les mutations survenues dans la position des jeunes soldats prévenus de désertion. Avis de ces mutations sera transmis au capitaine de recrutement, afin qu'elles soient annotées sur le contrôle à ce destiné.

Les préfets correspondront également entre eux et avec le ministre de la guerre, pour les jeunes gens qui seraient en pays étranger (2).

VII. L'insoumission, de même que la désertion, étant des délits permanens qui se renouvellent, pour ainsi dire, à chaque instant pour celui qui y persévère, les articles du

(1) Circ. 30 sept. 1822.
(2) *Id.* 30 sept. 1820.

Code d'Instruction criminelle relatifs à la *prescription* des peines et des actions civiles et criminelles, ne sont pas applicables à ces délits (1).

VIII. Toute absence de la part des jeunes soldats, qui n'aura pas été régulièrement autorisée, sera déduite des années de service exigées par la loi pour établir des droits à la libération annuelle (2).

IX. La loi du 26 brumaire an vi, relative aux personnes qui recèlent des déserteurs, est toujours en vigueur (3), car, dit-on, l'on doit considérer comme de véritables déserteurs tous les jeunes soldats qui n'obéissent pas aux ordres de mise en activité (Voy. p. 239). Il importe que les autorités locales en avertissent leurs administrés.

X. Les lieutenans-généraux commandant les divisions pourront ordonner l'incorporation immédiate de ceux des insoumis arrêtés qui ne leur paraîtraient pas susceptibles d'être mis en jugement; ils consulteront avec soin, pour le choix du corps à leur assigner, les

---

(1) Sol. 39 nov. 1824, d'après un avis du comité de la guerre.

(2) O. R. 3 janvier 1822.

(3) C'est ce qui a été décidé par un arrêt de la Cour de cassation du 23 février 1827, rapporté dans la *Gazette des Tribunaux* du 26 du même mois. Il existe aussi deux autres arrêts rendus par la même Cour, le 26 sept. 1822.

242 CODE

indications données par le ministre de la guerre (1).

XI. Les capitaines de recrutement porteront à la marge de tout contrôle signalétique dressé pour un jeune soldat insoumis, qui, sans avoir été acquitté judiciairement du fait de désertion, serait à diriger sur un corps, la date de l'expiration du délai dans le courant duquel il aurait dû obéir, et celle de son arrestation (2).

XII. Le général commandent la subdivision rendra compte, chaque mois, au lieutenant-général commandant la division, des dispositions qui auront été prises concernant la recherche des jeunes soldats prévenus de désertion, et des résultats dont ces recherches auront été suivies (3).

XIII. Dans les premiers jours des mois de janvier, avril, juillet et octobre, les préfets enverront au ministre de la guerre les observations qu'ils croiront utile de faire connaître sur les recherches et la poursuite des jeunes soldats prévenus de désertion. Dans les cinq premiers jours de chaque trimestre, les capitaines de recrutement feront viser par le sous-intendant militaire et transmettront au ministre un relevé numérique des jeunes sol-

(1) C. M. 2 août 1822.
(2) Circ. 1er nov. 1822.
(3) *Id.*

dats prévenus de désertion (1). Dans les mêmes délais, que les préfets, le lieutenant-général résumera les comptes qui lui auront été rendus concernant les jeunes soldats prévenus de désertion, et en fera la matière d'un compte général et trimestriel qu'il adressera au ministre de la guerre (2).

§ IX. *Revue annuelle et générale des dépôts de recrutement, — Son objet. — Réformes. — Congés. — Pétitions des jeunes soldats.*

I. Chaque année, les généraux inspecteurs d'armes qui, dans leurs tournées, inspecteront les dépôts de recrutement, se feront représenter le registre-matricule de chaque département.

II. Ils feront comparaître devant eux, par l'intermédiaire du capitaine de recrutement, et, au besoin, des préfets, les jeunes soldats porteurs de certificats provisoires de renvoi dont ils voudraient connaître par eux-mêmes la position.

S'ils les jugent impropres au service, ils leur délivreront des congés définitifs de renvoi dans leurs foyers (3). Les congés seront remis par l'officier-général inspecteur ou sous-

(1) Circ. 29 sept. 1821.
(2) Circ. 12 juillet 1822.
(3) I. M. 3 juillet 1822.

intendant militaire du département, sur un bordereau dont une copie sera signée par le sous-intendant militaire pour récépissé, et restera dans les archives du dépôt de recrutement. Avis sera donné au préfet du renvoi définitif des jeunes soldats (1).

III. S'ils ne pensent pas qu'il y ait lieu à réformer le jeune soldat porteur d'un certificat provisoire de renvoi, ils le feront diriger immédiatement sur le corps pour lequel il était appelé à marcher, à moins que ce corps ne soit à son complet. Dans ce cas, la direction aura lieu sur un des régimens incomplets.

IV. Il n'y aura jamais lieu à appeler des numéros supplémentaires, pour remplacer les hommes renvoyés après la clôture de la liste du contingent (2).

V. Les inspecteurs vérifieront si, parmi les jeunes soldats appelés à l'activité, et qui ont obtenu des délais, quelques-uns sont présens dans leurs foyers, pour d'autres motifs que ceux présens par les instructions; s'il s'en trouve dans ce cas, ils en rendront compte au ministre (3).

VI. Ils considéreront comme étant régulièrement autorisés à rester dans leurs foyers :

(1) Circ. 13 juillet 1821.
(2) Circ. 13 juillet 1821. I. M. 3 juillet 1822, et Sol. 2 août 1822.
(3) I. M. 3 juillet 1822.

1º Les jeunes soldats dans les délais accordés par l'instruction sur les appels ; 2º ceux qui n'auront pas été mis en activité pour cause de maladie ou d'infirmités, bien qu'ils n'aient pas reçu des certificats provisoires de renvoi ; 3º ceux qui n'auront pas été mis en activité pour cause de détention ou d'instance devant les tribunaux ; 4º ou, comme étant proposés pour des sursis illimités ; 5º ou, comme ayant fait des demandes en autorisation de remplacement, appuyées par le préfet ; 6º ou, en vertu de décisions ministérielles particulières.

VII. Les inspecteurs reconnaîtront si, parmi les jeunes soldats non incorporés et restés régulièrement dans leurs foyers, il s'en trouve qui fassent partie de la classe à libérer au 31 décembre de l'année. Ils arrêteront l'état des jeunes soldats dans cette dernière position; cet état ne pourra du reste être clos définitivement qu'à la fin de l'année ; ils veilleront à ce que le capitaine commandant le dépôt envoie au ministre l'état numérique de ces jeunes soldats, afin qu'il puisse leur être délivré des congés de libération, lesquels devront être signés par le capitaine commandant le dépôt, vérifiés par le sous-intendant militaire, et visés par les inspecteurs, et, à défaut, par le lieutenant-général commandant la division militaire (1).

VII. *Toutes réclamations* des jeunes sol-

____

(1) *Id.*

21*

dats ou de leurs parens doivent être adressées aux autorités civiles du département, ou aux autorités militaires qui statuent ce que de droit, ou en réfèrent au ministre, si une décision de l'autorité supérieure est indispensable (1). L'autorité civile ou militaire, dans les attributions de laquelle rentre l'obj.. de la pétition, ne doit en référer au ministre que lorsqu'elle ne trouve pas dans la loi ou les instructions, ou l'autorisation de prononcer, ou une règle de solution (2).

IX. Hors le cas de *déni de justice*, aucune pétition ne doit être adressée au ministre directement; autrement, elle resterait sans réponse (3).

§ X. *Des remplacemens.*

I. Nous avons indiqué au titre vi jusqu'à quelle époque les jeunes gens appelés pouvaient être admis à fournir des remplaçans. Ils le peuvent également après la mise en activité et l'incorporation, mais alors ils doivent suivre les formalités prescrites pour les *remplacemens au corps*. Nous renvoyons au titre vi, § 3, pour l'exposé de ces formalités.

(1) Déc. 22 déc. 1820.
(2) C. M. 29 avril 1825.
(3) *Id.*

TITRE NEUVIÈME.

DE LA LIBÉRATION DU SERVICE ACTIF.

§ I. — *Durée du service.*

I. D'après l'art. 20 de la loi de 1818, le durée du service était de six ans : cette disposition a été abrogée par la loi du 9 juin 1824, qui a fixé (art. 4) la durée du service à huit années, mais seulement pour ceux qui seraient appelés ou se seraient engagés volontairement postérieurement à la promulgation de ladite loi de 1824.

§. II. — *Règles à suivre dans le décompte du service des sous-officiers et soldats.*

I. *Le temps de service courra*, pour les sous-officiers et soldats *incorporés comme appelés*, ainsi que pour les jeunes soldats non encore mis en activité, du 1er janvier de l'année où sera faite leur première inscription sur les registres-matricules ; *pour les engagés volontaires*, du jour où l'engagement aura été reçu par l'autorité civile ; il en est de même pour les jeunes gens des classes qui, d'après ce que permettent les instructions sur les appels, ont contracté des engagemens volontaires dans l'intervalle du temps écoulé entre la formation des tableaux de leur classe et celle de la liste du contingent (1).

II. Les jeunes gens qui auraient été immatriculés en vertu des lois des 10 mars 1818 et 9 juin 1824, quoique ayant fait partie d'un des corps de l'armée, pourront faire compter, en déduction du service voulu par la loi, le temps qu'ils auraient passé sous les drapeaux, antérieurement à l'appel de leur numéro de tirage (2).

III. Les militaires ne seront pas admis à compter le temps de service qu'ils auraient fait en qualité de *musiciens-gagistes* (3).

IV. Il ne sera point tenu compte, pour la délivrance des congés aux *engagés* volontaires et aux *remplaçans*, du temps pendant lequel ils auraient servi antérieurement à la date de l'acte en vertu duquel ils sont sous les drapeaux. Toutefois les remplaçans seront admis à faire entrer dans le décompte de leurs services le temps qu'auraient fait les hommes

(1) I. M. 3 déc. 1818. Art 20.
(2) *Id.* Art. 22.
(3) Sol. 4 août 1820.

qu'ils représentent jusqu'au jour de leur remplacement ; mais, quel que soit le résultat du décompte, les remplaçans ne recevront pas de congé avant d'avoir servi pendant deux ans depuis l'acte de remplacement (1).

V. Les jeunes gens d'une classe appelée qui auraient été admis comme remplaçans, en vertu de décisions du ministre antérieures à la publication de la loi de 1818, ne pourront, s'ils ont été compris dans le contingent de cette classe, et quelle que soit la date de l'expiration de leur service comme remplaçans, être licenciés avant la libération de la classe à laquelle ils appartiennent (2).

VI. *Toute absence des drapeaux, non régulièrement autorisée*, de la part des jeunes soldats appelés à l'activité, des engagés volontaires ou rengagés, sera déduite des années de service exigées par la loi pour donner droit à la libération (3) ; mais cette déduction ne doit pas s'appliquer aux absences qui proviendraient de *détentions* auxquelles les militaires auraient été condamnés pour d'autres motifs que celui de désertion.

La déduction ne doit porter que sur le temps d'absence, et le supplément de service à exiger doit être égal seulement à la durée

(1) I. M. 3 déc. 1818. Art. 23.
(2) C. M. 21 oct. 1818. 2e q.
(3) O. R. 3 janvier 1822.

de cette absence ; ainsi , un jeune soldat incorporé qui aurait été absent moins d'une année , devrait être libéré dès qu'il a achevé son supplément de service , et non être renvoyé au 1er décembre , époque ordinaire des libérations (1).

VII. Il ne sera point tenu compte à un *militaire condamné comme déserteur,* et ensuite gracié ou rentré dans le corps , après l'expiration de sa peine , du temps qui se sera écoulé depuis le jour de sa désertion jusqu'à celui de sa rentrée dans les rangs de l'armée (2).

La loi du 10 mars 1818 a abrogé les dispositions de l'arrêté du 19 vendémiaire an XII, qui assujettissaient les militaires condamnés aux travaux publics ou au boulet , à faire , lorsqu'ils auraient été graciés , huit années de service , à compter du jour de leur mise en liberté ; il ne doit être fait , à l'égard de ces hommes , que les déductions prescrites par l'ordonnance du 3 janvier 1822 (3).

§ III. — *Modes de vérification des services.* — *Détails d'exécution.*

I. Ce n'est point aux militaires à constater leur présence sous les drapeaux pendant la

(1) C. M. 3 mars 1823.
(2) I. M. 3 déc. 1818. Art. 24.
(3) Sol. 8 nov. 1824.

durée du temps voulu par la loi : c'est l'administration qui doit prouver le contraire, s'il y a lieu.

II. Les conseils d'administration procéderont, dès le mois de janvier, à la vérification des services des sous-officiers et soldats incorporés comme appelés, et qui seront susceptibles d'être compris dans la prochaine libération (1).

III. Aux époques fixées pour le travail préparatoire des libérations, les administrations feront le dépouillement des annotations qui auront été effectuées sur le registre-matricule, relativement aux absences qu'auraient pu faire les jeunes soldats, et dresseront, pour chaque homme, un certificat énonçant, savoir : 1° pour l'insoumission d'un engagé volontaire ou d'un jeune soldat, la date de l'expiration des délais qui leur avaient été accordés ; 2° pour une désertion commise par un homme incorporé, la date précise de son départ du corps ; 3° et, dans les deux cas, la date de l'arrestation ou de la représentation volontaire (2).

Le temps d'absence sera calculé à partir du jour de l'expiration des délais accordés par les réglemens, jusqu'au jour de la représentation ou de l'arrestation des insoumis.

IV. Les officiers généraux et les conseils

(1) I. M. 3 déc. 1818. Art. 25
(2) C. M. 25 janv. 1821 et 3 janv. 1822.

d'administration considéreront, comme étant compris dans la prochaine libération, les engagés volontaires et rengagés dont le service devra expirer avant le 31 décembre de l'année suivante. Le conseil d'administration remettra au sous-intendant militaire ayant la police du corps un état nominatif des sous-officiers et soldats susceptibles d'être libérés du service actif. Les services de chacun seront vérifiés avec soin par le sous-intendant militaire, et certifiés par lui. L'état des militaires susceptibles d'être libérés du service actif sera présenté à l'inspecteur général, lors de la revue de l'année (2).

V. L'inspecteur général prononcera sur les droits des réclamans; il arrêtera là liste des sous-officiers et soldats susceptibles de recevoir leur congé du service actif au 31 décembre. Il arrêtera également la liste des engagés volontaires dont le temps devra finir dans le courant de l'année suivante. Cette dernière liste déterminera l'époque où chacun des engagés pourra recevoir son congé, s'il le réclame, ou contracter un engagement, s'il désire rester sous les drapeaux (3).

§ IV. — *Des congés.*

I. Il sera délivré des congés du service de

(1) I. M. 3 déc. 1818. Art. 25, 26, 27.
(2) *Id.* Art. 28.

l'armée active aux sous-officiers et soldats qui auront fait leur temps de service : il en sera également délivré aux jeunes soldats qui, à l'expiration du temps fixé par la loi, n'auraient pas été incorporés (1).

II. Les sous-officiers et soldats qui, avant d'avoir passé sous les drapeaux le temps fixé par la loi, deviendraient impropres au service, recevront des *congés de réforme* (2).

III. Les congés du service de l'armée accordés pour ancienneté seront distribués, le 31 décembre, aux jeunes soldats et aux militaires appelés : ceux à accorder aux engagés volontaires leur seront délivrés à l'expiration du temps fixé par leur engagement (3).

IV. Les congés seront remplis par les soins du major et signés par les membres du conseil d'administration : ils seront vérifiés et visés par le sous-intendant militaire et revêtus, en l'absence des inspecteurs généraux, de la signature du lieutenant-général commandant la division, ou de celle du maréchal-de-camp qu'il aura délégué (4).

V. Le sous-intendant militaire fera passer au préfet du domicile du militaire libéré un bulletin de libération destiné à faire connaître que celui pour qui il aura été dressé,

(1) *Id.* Art. 17.
(2) *Id.* Art. 19.
(3) *Id.* Art. 17.
(4) *Id.* Art 30.

est délié du service de l'armée active. Si le militaire a déclaré vouloir se retirer dans un autre département que celui de son domicile, le sous-intendant enverra une seconde expédition du bulletin de libération au préfet de ce dernier département (1).

§ V. — *Libération des jeunes gens dispensés conditionnellement.*

I. La libération prononcée par l'article 20 de la loi s'étendra également aux jeunes gens qui, aux termes de l'article 15 de cette loi, et de l'article 85 de l'instruction sur les appels, auraient été dispensés conditionnellement. Le temps de service courra pour eux à partir du 1er janvier de l'année où aura été formée la liste du contingent sur laquelle ils auront été inscrits (2).

(1) *Id.* Art. 31.
(2) *Id.* Art. 32.

TITRE DIXIÈME.

DES RENGAGEMENS.

§ I. — *Conditions des rengagemens.*

I. La faculté du rengagement, en ce qui concerne le choix des corps où les rengagés désireront être admis, sera exercée dans les limites suivantes :

1° Les soldats des troupes de ligne pourront se rengager, soit dans le corps auquel ils appartiennent, soit dans tout autre corps de la ligne, soit dans un des régimens d'infanterie de la garde royale ; 2° Les militaires qui servent dans un régiment de cavalerie ; soit dans le même corps, soit dans tout autre régiment de cavalerie de la garde royale ou de la ligne ; 3° les soldats d'artillerie ; dans tous les régimens d'artillerie à pied de la garde royale ou de la ligne ; 4° les soldats d'artillerie à cheval ; dans tous les régimens d'artillerie à cheval ; 5° Les soldats des régimens du génie ; dans l'un des régimens de cette arme ; 6° les pontonniers ; dans les mêmes corps ; 7° les soldats des compagnies d'ouvriers ; dans l'une de ces compagnies, soit de l'artillerie, soit du génie, soit des équipages militaires ; 8° les artificiers ; dans la même compagnie et dans les régimens d'artillerie à pied ; 9° les soldats du train de l'artillerie, du génie et des équipages militaires ; dans les escadrons du train d'artillerie, les compagnies du train du génie et l'escadron du train des équipages militaires.

Toutefois, si un militaire, demandant à passer dans une autre arme, est reconnu avoir toutes les qualités requises pour le nouveau service auquel il se destine, l'inspecteur général pourra, après vérification, lui accorder spécialement l'autorisation nécessaire, et le sous-intendant militaire l'admettra, sur le vu de cette autorisation, à contracter un rengagement pour le corps dont il aura fait choix, si l'effectif permet de l'y recevoir. (1)

II. *Les militaires pourvus d'un grade*, et qui désireront le conserver, ne pourront se rengager que pour le corps auquel ils appartiennent, ou pour celui auquel le ministre les aurait destinés (2).

(1) I. M. 3 déc. Art. 33.
(2) *Id.* Art. 34.

III. Les rengagemens ne pourront être contractés que pour deux ou quatre ans (1).

§ II. — *Formes à suivre pour les rengagemens.*

I. Les sous-officiers et soldats seront admis
à se rengager, à compter du jour où leurs
droits à la libération du service de l'armée
active auront été reconnus définitivement
par l'inspecteur général (2)

Cependant, lorsque des officiers et soldats
se décident à rester au corps dont il font
partie, il n'est pas nécessaire qu'ils aient
atteint l'année de leur libération ; ils peuvent
se rengager par anticipation et il leur suffira qu'ils prouvent, savoir : 1° pour contracter un premier engagement anticipé, qu'ils
sont incorporés depuis deux années ; 2° pour
contracter un second engagement anticipé,
qu'ils ont accompli la moitié du précédent,
et ainsi de suite, pour les rengagemens subséquens (5).

II. *Les militaires qui voudront se rengager*
en feront la déclaration à l'inspecteur général, lequel, dans le cours de sa revue, fera
vérifier s'ils sont encore susceptibles de faire

(1) O. R. 1er déc. 1824. Art. 1er.
(2) I. M. 3 déc. 1818. Art. 36.
(3) Circ. 10 déc. 1824.

un bon service, et s'ils ont les qualités requises pour le corps où ils demandent à passer.

III. Le sous-intendant militaire ne recevra le rengagement d'un sous-officier ou soldat qu'après s'être assuré que l'effectif du corps, pour lequel sa demande de rengagement est faite, permet de recevoir le réclamant. Cependant, s'il arrivait qu'un sous-officier ou soldat, ayant droit à être compris dans la libération du service actif, se présentât pour contracter un rengagement, dans l'espace de temps qui s'écoulera entre la revue d'inspecteur et l'époque fixée pour la délivrance des congés, le sous-intendant militaire pourra recevoir ce rengagement, soit pour le corps même dont ce militaire fait partie, soit pour un autre corps suivant les règles prescrites ci-dessus, § Ier n° 1.

Dans le premier cas, il exigera un certificat du conseil d'administration portant que l'homme est susceptible de faire encore un bon service.

Dans le second cas, le sous-intendant militaire, après les vérifications relatives à l'effectif, fera constater, par l'officier de gendarmerie de l'arrondissement, que le militaire réunit les conditions requises pour servir dans le corps dont il a fait choix.

IV. Quelle que soit la date du rengagement, le nouveau service auquel s'obligera le rengagé ne courra jamais qu'à partir du jour où aura cessé le service auquel ce rengagé était tenu par la loi, soit comme appelé, soit comme engagé volontaire.

V. Les militaires qui auront contracté un rengagement pour *un autre corps que celui où ils servent*, ne seront mis en route, pour ce corps qu'à l'expiration du service auquel ils étaient tenus, soit comme appelés, soit comme engagés volontaires.

Il sera fait exception à cette règle pour les hommes qui se seront rengagés pour un des corps de la garde. Ces derniers pourront terminer, dans le corps dont ils auront fait choix, le temps qu'il leur restait à faire comme appelés ou comme engagés volontaires, et ils seront mis en route pour leur nouvelle destination aussitôt après avoir signé l'acte de rengagement, si l'ordre en est donné par l'inspecteur général autorisé à cet effet par le ministre de la guerre.

VI. *Tout militaire qui aura reçu un congé de service* de l'armée active et une feuille de route pour retourner dans ses foyers, *ne sera plus admis à se rengager;* il sera tenu, s'il veut rentrer dans un corps, de contracter un engagement volontaire devant l'officier de l'état civil (1).

VII. Les hommes rengagés qui seraient, dans les revues subséquentes, jugés par les inspecteurs généraux impropres au service de l'arme dont ils ont fait choix, ne pourront être

(1) I. M. 3 déc. 1818. Art. 36 à 45.

contraints à passer dans d'autres corps que ceux pour lesquels ils ont contracté leur rengagement ; ils seront, par cela seul, libérés de droit, et devront en conséquence recevoir un congé. Si, néanmoins, ils consentaient librement à passer dans une autre arme, on leur ferait contracter, devant le sous-intendant militaire, un nouveau rengagement pour le corps auquel ils seraient destinés (1).

VIII. Les registres destinés à l'inscription des actes de rengagement seront tenus conformément aux règles prescrites pour les registres de l'état civil : les sous-intendans militaires en sont responsables.

IX. A la fin de chaque année, les sous-intendans militaires dresseront l'état numérique des militaires qui auront été admis à se rengager et le transmettront à l'intendant militaire de la division.

L'intendant militaire réunira ces états et les adressera au ministre de la guerre.

X. Il existe, pour les rengagemens dans la garde royale, diverses autres formalités de détail qu'il est inutile de rappeler ici.

§ III. — *De la haute-paie et des chevrons.*

I. Les chevrons attribués aux sous-officiers et soldats des corps de troupes de toutes armes, soit pour rengagement, soit pour ancienneté

____
(1) I. M. 11 juin 1819.

de service, sont acquis, savoir : le demi-chevron, à six ans révolus de service (1); le simple chevron, à huit ans; le double chevron, à douze ans; le triple chevron, à seize ans (2).

II. La haute-paie attribuée aux sous-officiers et soldats est divisée en deux portions : 1° portion acquittable à l'avance; 2° portion acquittable avec la solde, dite haute-paie journalière (3).

Portion de haute-paie acquittable à l'avance.

	INFANTERIE DE LIGNE.		AUTRES ARMES.	
	Soldats et caporaux.	Sous-officiers.	Soldats caporaux ou brigadiers.	Sous-officiers.
Pour un rengagement de 2 ans	22 fr.	60 fr.	37 fr.	74 fr.
Pour un rengagement de 4 ans	44	110	74	148

(1) Les appelés et les engagés volontaires incorporés, en vertu des lois antérieures à celle du 9 juin 1824, sont les seuls qui aient droit au demi-chevron et à la portion de haute-paie qui y est attachée. (O. R. 1er déc. 1824. Art. 4.)

(2) O. R. 9 juin 1824. Art. 1er.

(3) O. R. 9 juin 1821. — 23 mars 1823. — 1er déc. 1824.

Portion de la haute-paie acquittable avec la solde ou haute-paie journalière.

	INFANTERIE de ligne.	AUTRES armes.
Haute-paie de demi-chevron pour les sous-officiers et soldats incorporés en vertu des lois antérieures à celle du 9 juin 1824, et ayant de 6 à 8 ans de service.	(1) 5 cent.	8 cent.
Haute-paie de chevron pour tous les sous-officiers et soldats ayant de 8 à 12 ans de service.	8	12
Haute-paie de deux et de trois chevrons pour tous les sous-officiers et soldats ayant plus de 12 ans de service.	10	15

(1) Voyez la note première de la page précédente.

TITRE ONZIÈME.

DES VÉTÉRANS.

I. L'art. 23 de la loi de 1818 assujettissait les sous-officiers et soldats libérés du service actif à faire, en cas de guerre, et sous la dénomination de *vétérans*, un service territorial, dont la durée était fixée à six ans; mais ces dispositions ayant été abrogées par l'art. 4 de la loi du 9 juin 1824, il est inutile d'entrer dans des détails qui ne seraient aujourd'hui d'aucune application.

TITRE DOUZIÈME.

DISPOSITIONS GÉNÉRALES.

Dispositions pénales.

I. Toutes les dispositions des lois, ordonnances, réglemens ou instructions relatives aux anciens modes de recrutement de l'armée sont et demeurent abrogées (1).

(1) Art. 25 de la loi de 1818.

Les tribunaux civils et militaires, dans les limites de leur compétence, appliqueront les lois pénales ordinaires aux délits auxquels pourra donner lieu l'exécution du mode de recrutement, déterminé par la loi.

Pour les délits militaires, les juges pourront user de la faculté énoncée en l'article 195 du Code d'instruction criminelle.

II. *Tout fonctionnaire ou officier public*, civil ou militaire, qui, sous quelque prétexte que ce soit, aura autorisé ou admis des exemptions, dispenses ou exclusions autres que celles déterminées par la loi, ou *qui aura* DONNÉ ARBITRAIREMENT UNE EXTENSION QUELCONQUE, *soit* à la durée, *soit aux règles ou conditions* des engagemens, ou du service des vétérans, sera coupable d'abus d'autorité, et puni des peines portées dans l'article 185 du Code pénal, sans préjudice des peines plus graves prononcées par ce Code dans les autres cas qu'il a prévus (1).

Nous ne pouvons mieux terminer ce recueil qu'en citant cette dernière disposition de la loi, car si trop souvent nous avons eu occasion de signaler des abus de pouvoirs, de combattre ces extensions arbitraires dont parle l'article 26 de la loi, et qu'il qualifie, à si juste titre, de délits punissables, il nous restait à rappeler, en faveur de la loi et de l'équité, les salutaires garanties de la sanction pénale.

(1) *l d.* Art. 26.

FIN

TABLE

DES MATIÈRES.

TITRE DEUXIÈME.

DES APPELS.

TITRE TROISIÈME.

DES CONSEILS DE RÉVISION.

TITRE QUATRIÈME.

DES EXEMPTIONS ET DES DISPENSES.

TITRE CINQUIÈME.

TITRE SIXIÈME.

Des substitutions et des remplacemens.

TITRE SEPTIÈME.

*Situation des jeunes gens du contingent, depuis
la clôture des listes jusqu'à la mise en activité.*

TITRE HUITIÈME.

De la mise en activité et de l'incorporation.

TITRE NEUVIÈME.

De la libération du service actif.

TITRE DIXIÈME.

Des rengagemens.

TITRE ONZIÈME.

Des vétérans. 263

TITRE DOUZIÈME.

Dispositions générales.